文化ファッション大系
改訂版・服飾関連専門講座 ❺

ファッションデザイン画

文化服装学院編

JN092389

はじめに

　文化服装学院では、ほとんどの学生がファッションデザイン画を学びます。

　この教科書は、人体プロポーションの描き方に始まり、衣服構造の描き方、素材の表現方法、彩色のテクニックなど、ファッションデザイン画の技法を紹介しています。

　初めて取り組む皆さんを対象に基礎から応用まで様々な技法を盛り込みました。

　ファッションデザイン画の技法を身につけることは、ファッションに関わる全ての人に欠かせないスキルです。

　本書を活用することで、オリジナル性豊かなデザイン画を描いてください。そしてファッションコンテストへの参加、就職活動、ポートフォリオ制作等にも活用し、ファッションの世界に力強い一歩を踏み出してください。

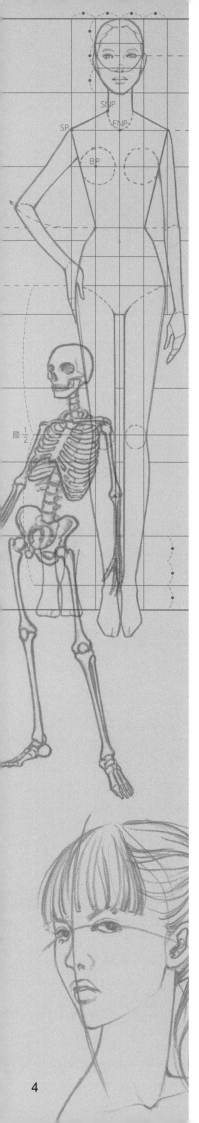

目次

第1章　人体を表現する

第2章　着装表現

第3章　彩色テクニック

第4章　素材表現

第5章　メンズ・子ども服・和服

第6章　製品図

第7章　学生参考作品

鉛筆からはじめよう
Let's begin with pencil sketch

　衣服のフォルムや構造、素材感など、様々なアイデアを短時間で的確に表現するにはドローイング（線画）の練習が欠かせない。まずは鉛筆を使って練習してみよう。鉛筆を使えば、タッチの強弱や濃淡によって繊細な表現ができる。消しゴムで消すこともできるので下絵にも手軽に使える。

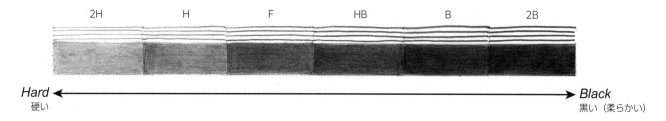

Hard ← 硬い

Black → 黒い（柔らかい）

＊ファッションデザイン画では上記の硬度（2H〜2B）の鉛筆がよく使われている。

　　鉛筆の芯は黒鉛と粘土を混ぜ合わせて焼き固めたもので、配合される黒鉛の量によって硬いものから柔らかいものまで硬度（10H〜H、F、HB、B〜10B）に幅がある。鉛筆に表記のHはhard、Bはblackを意味し数字の組み合わせによって芯の硬度と濃さを示している。用途に応じて使い分け、自分の筆圧に合った鉛筆を選ぶとよい。

では、鉛筆で様々な線を描いてみよう。自由に楽しく、そして紙に触れる鉛筆の芯の感覚を手に感じながら描いてみよう。
鉛筆を動かす速度や筆圧に変化をつけてみたり、鉛筆の持ち方を変えてみたり、様々な表情の線を描いてみよう。

文字を書くときのように
短くしっかりと鉛筆を持つと
安定した線を描くことができる

ファッションデザイン画の豊かな表現力に繋げよう！

ストロークトレーニング

イメージどおりの線を描くためのトレーニング。デザイン画を描く前のウォーミングアップとして、ワンストロークで線を描く練習をしよう。鉛筆を持ち、できるだけ1回の動きで1本の線を描こう。

平行線を描く

STEP-1
短い線を描く練習。縦や横、斜めにまっすぐな線になるよう意識して8〜10本ずつ平行線を引いてみよう。

STEP-2
慣れてきたら少し長めの線を描く練習。鉛筆を持った手を紙の上で平行にスライドさせるように描いてみよう。

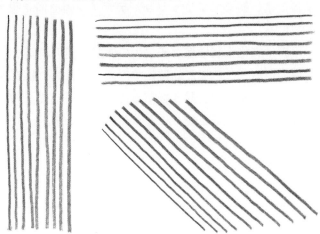

曲線を描く

STEP-1
小さなカーブを連続で描こう。
軽やかにリズミカルに描いてみよう。

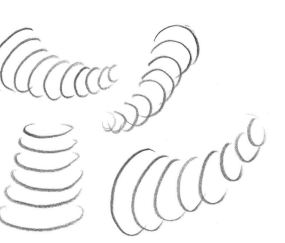

STEP-2
慣れてきたら少しずつ線を長く描いてみよう。

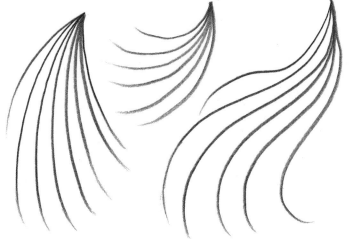

丸を描く

正円をワンストロークで描く練習をしよう。
小さな丸、大きな丸、慌てずゆっくり描くとよい。

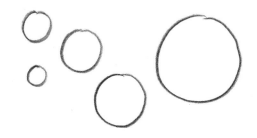

四角を描く

四隅が直角を意識して描こう。

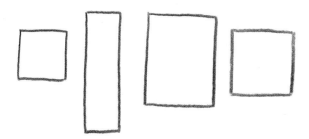

人体のプロポーション
Female human body proportions

　プロポーションは比率、割合を意味する。全体に対して各部位がどのような比率になっているのか、相互関係と全体のバランスを比較することで均整のとれたプロポーションを描くことができる。人の体型はひとつとして同じものはなく、それぞれに個のよさがあり正しいプロポーションというものがあるわけではない。ファッションデザイン画において一般的には、頭部の長さを基準とした8頭身プロポーションを基本型としている。本書では、初めてファッションデザイン画を描く誰もが簡単に練習できるよう8頭身プロポーションを組み立てている。

　下図は文化服装学院女子学生の体型計測平均値から描いたプロポーション（7.3頭身）と8頭身である。違いや似ているところなど比較してみよう。人体のしくみやプロポーションを知り、骨格を理解して肉付けをする。

　人体のフォルムと動きを知ることによって衣服（布）の表情が生きてくる。人体のあり方を知ることはファッションデザイン画を描くことへの第一歩である。

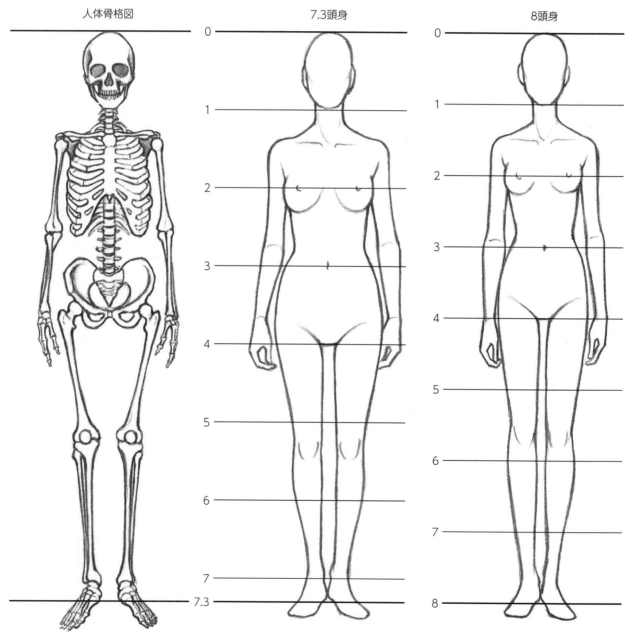

| 人体骨格図 | 7.3頭身 | 8頭身 |

文化服装学院女子学生の平均的体型

多様なプロポーション

8頭身プロポーションの描き方を学習する前に、芸術作品の人体プロポーションに触れてみよう。多くの画家や彫刻家が作品上で表現した人物の体型は多様である。グラマラスな丸みのあるボディや細身でシャープな印象のもの、かなりデフォルメされたプロポーションなど、それぞれの作家が理想とする人体のプロポーションが表現され、そこには多くの人々に永く愛されてきた美が存在している。

A
ドミニク・アングル
「泉」1820年-1856年
オルセー美術館所蔵
Photo © RMN-Grand Palais (musée d'Orsay) /
Hervé Lewandowski /
distributed by AMF-DNPartcom

B
サンドロ・ボッティチェリ
「ヴィーナスの誕生」1485年
ウフィツィ美術館所蔵
Photo: Bridgeman Images / DNPartcom

C
アルベルト・ジャコメッティ
「ヴェネツィアの女Ⅷ」1956年
アサヒビール大山崎山荘美術館所蔵

異なる頭身数のA〜Cのプロポーションを比較してみよう。
異なる頭身数であってもバストライン、ウエストライン、
股、手首はおおよそ同一の位置にあることに注目したい。

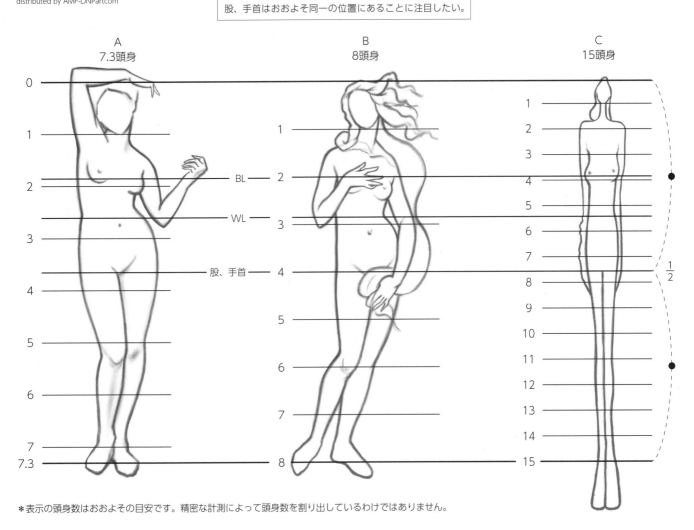

A
7.3頭身

B
8頭身

C
15頭身

*表示の頭身数はおおよその目安です。精密な計測によって頭身数を割り出しているわけではありません。

8頭身プロポーション *Eight-head tall figure*

文化服装学院式の8頭身プロポーションは、頭長と幅を基準に形成している。

- ・身長は頭の長さの8倍（8頭身）
- ・首幅は頭の幅の2分の1
- ・ウエスト幅は頭の幅と同じ
- ・股下は身長の2分の1
- ・膝はHLから足首までの2分の1

- ・頭部は卵型で縦（長さ）横（幅）の比率は3：2
- ・肩幅は頭の幅の2倍
- ・腰幅は頭の幅の2倍
- ・腕は体に沿わせておろした場合、
　肘はウエストの位置、手首は股の位置

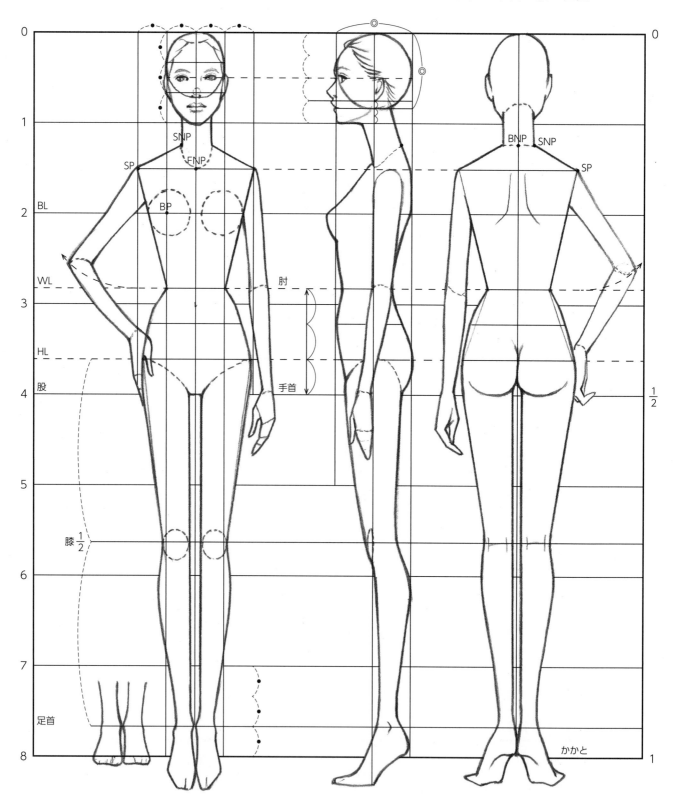

　左ページでプロポーションのバランスがとれるようになったら、ガイドラインを消し、身体の肉付きを意識して描いてみよう。

FNP　フロントネックポイント	BNP　バックネックポイント	SP　ショルダーポイント	SNP　サイドネックポイント
BP　バストポイント	BL　バストライン	WL　ウエストライン	HL　ヒップライン

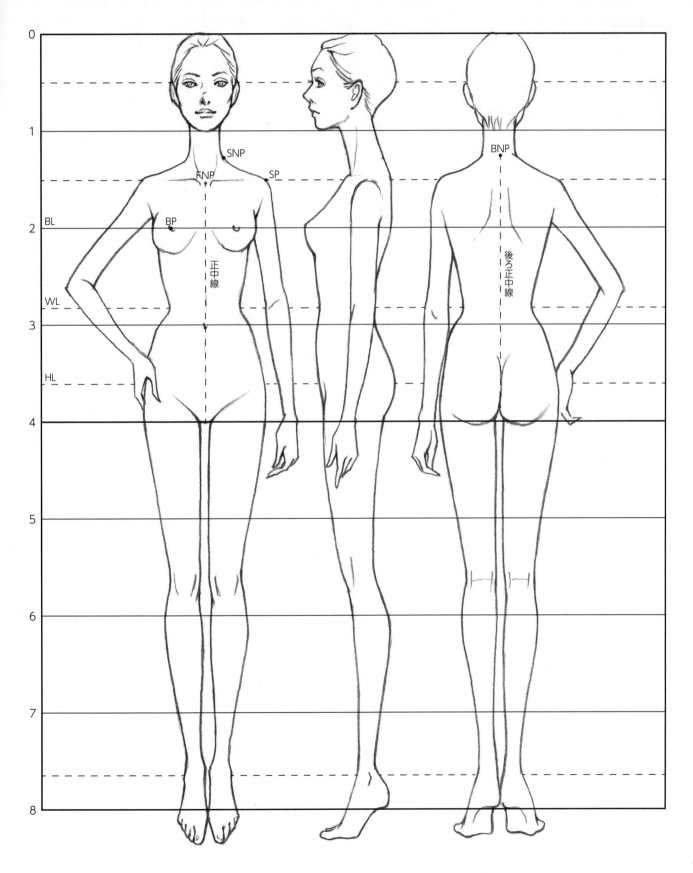

ヌードポーズ *Nude pose*

ポーズ1　正面（片脚重心）

まずはベーシックな正面ポーズを練習しよう。FNPを基点に地面に垂直におろした線を重心線とし、重心線を
ガイドラインに体幹の動きをとらえた安定感のあるポーズを描こう。

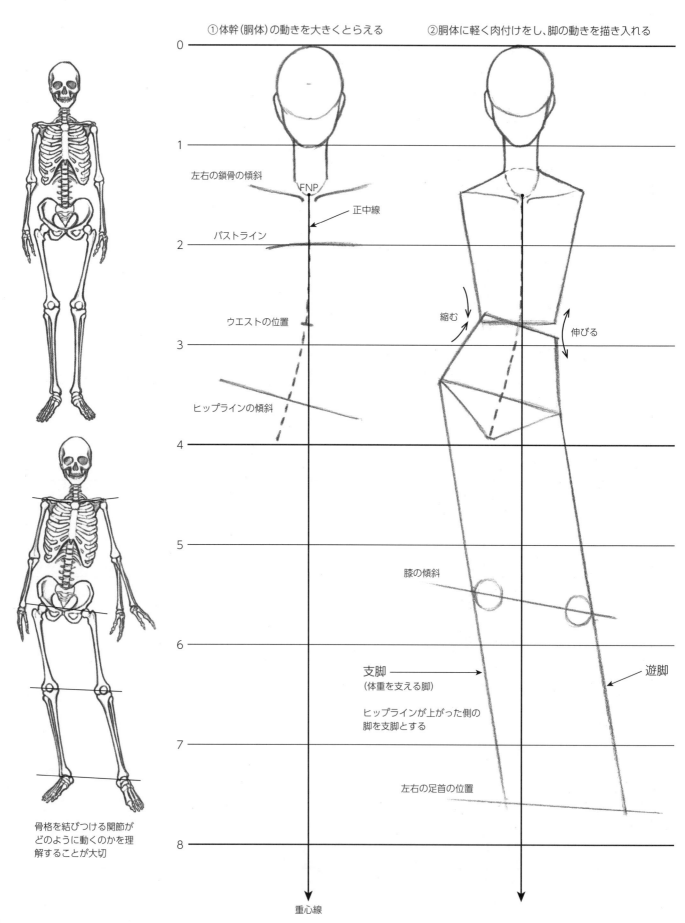

①体幹（胴体）の動きを大きくとらえる　　　②胴体に軽く肉付けをし、脚の動きを描き入れる

左右の鎖骨の傾斜

FNP

正中線

バストライン

ウエストの位置

ヒップラインの傾斜

縮む

伸びる

膝の傾斜

支脚
（体重を支える脚）

遊脚

ヒップラインが上がった側の
脚を支脚とする

左右の足首の位置

骨格を結びつける関節が
どのように動くのかを理
解することが大切

重心線

③腕を描き全体のバランスを整える　　　　④仕上げ

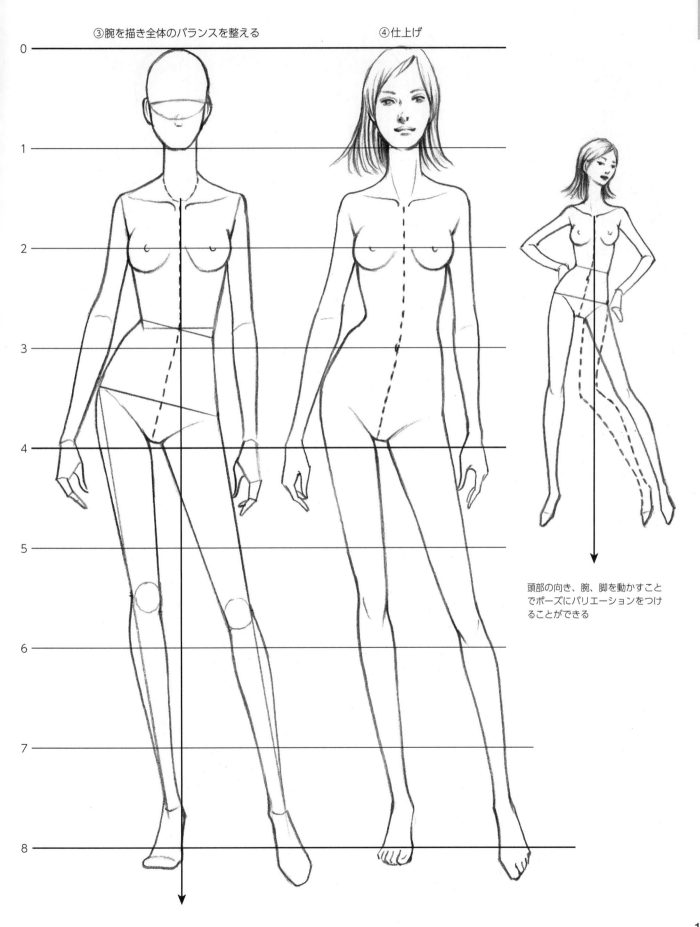

頭部の向き、腕、脚を動かすこと
でポーズにバリエーションをつけ
ることができる

ポーズ2 斜め（直立）

斜めから見たポーズは、ボディラインの立体感を効果的に表現することができる。体の厚みを意識して各パーツを組み立てながら描き進めよう。

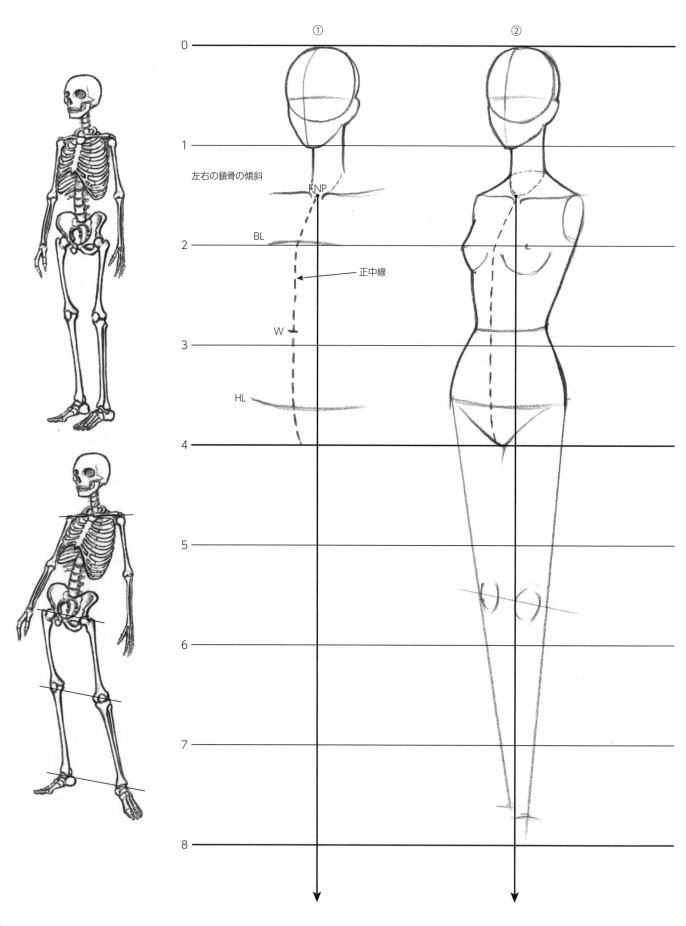

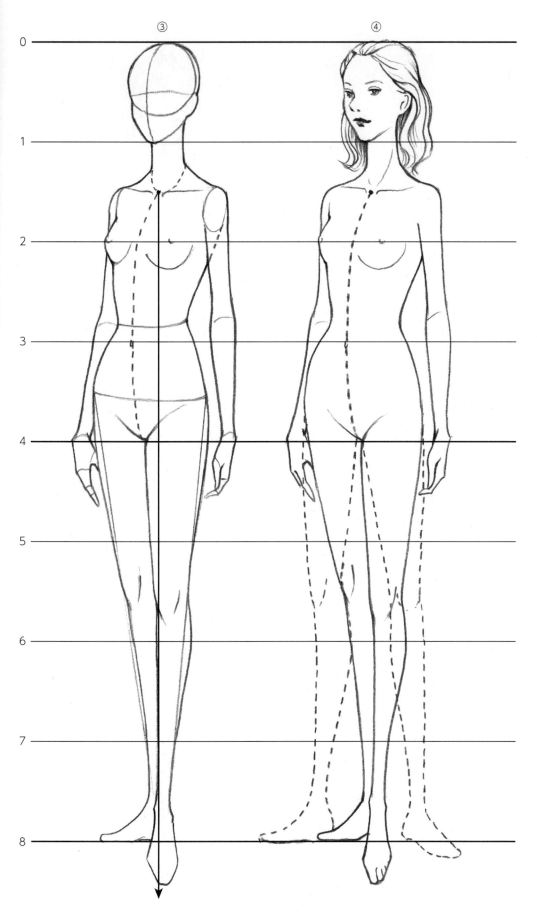

③　　　④

0

1

2

3

4

5

6

7

8

胸部、腰部を重心線から動かし
バリエーションをつける。右足
に大きく重心をかけ、身体を反
らせたポーズ

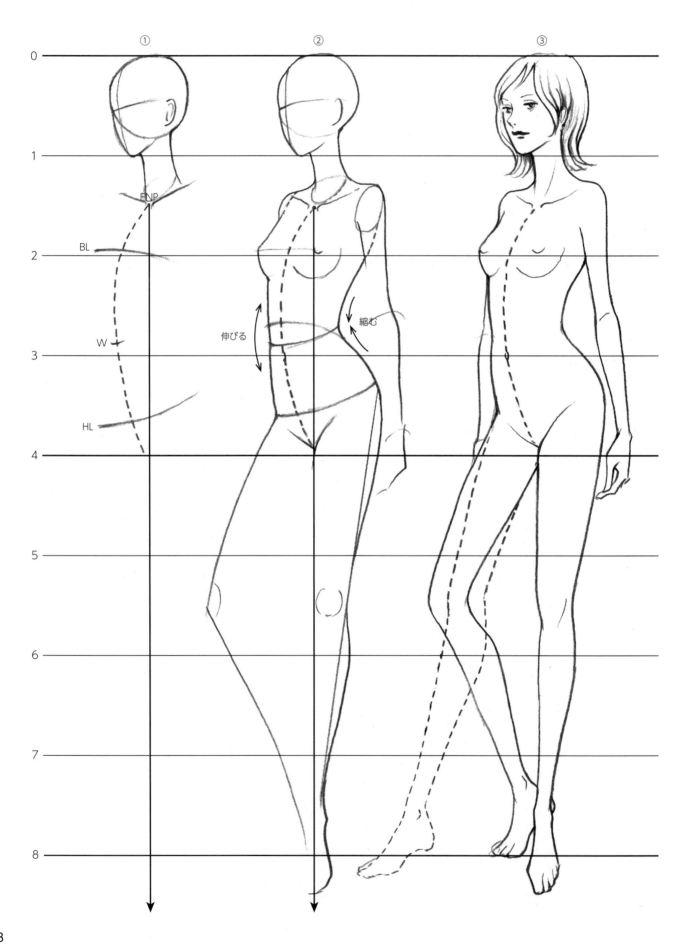

ポーズバリエーション

身体の動きの仕組みを理解すると、身体の各パーツの組み合わせによって様々なポーズを描けるようになる。
着装させる衣服のデザインやそのイメージに合ったポーズ選びができるよう、多くのポーズを描いて練習しよう。

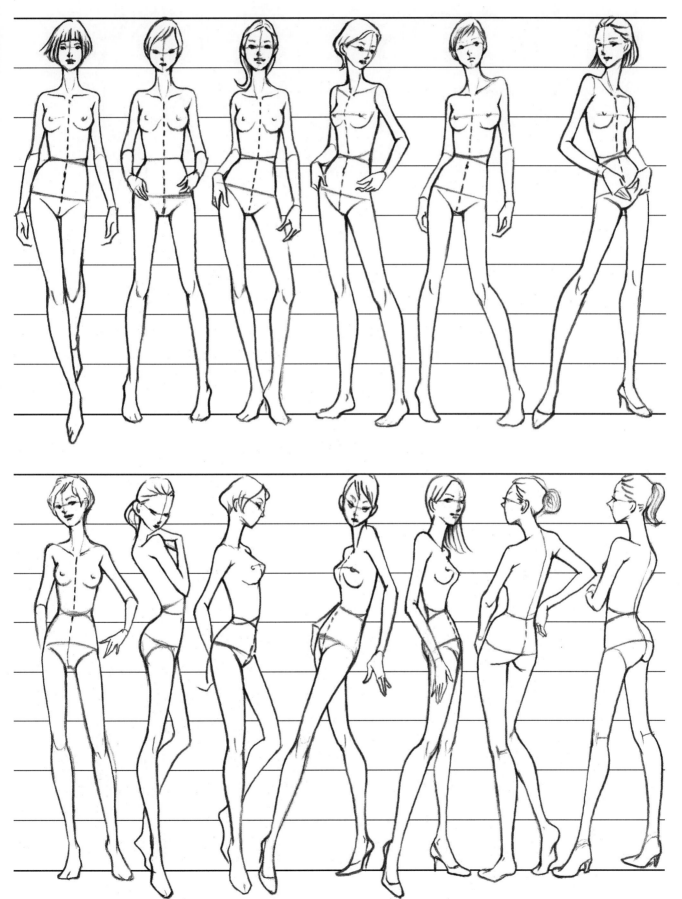

顔のプロポーション *Facial structure*

正面向き　　　　　　　　　　　横向き

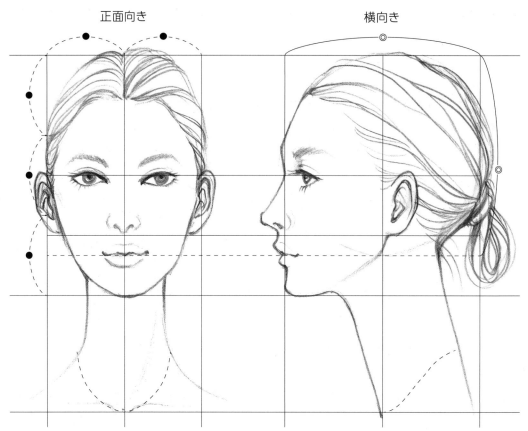

・タテ3：ヨコ2の割合で長方形を描く
・目の位置は顔の長さの1/2
・鼻の位置は目と顎までの1/2

・口の開く位置は鼻と顎までの1/3
・耳の位置は目と鼻の間に描く

・正面向きの頭頂から口の開く位置までの長さで正方形を描く
・正方形の中に円を描き頭蓋骨の丸みを意識する

STEP-1	STEP-2	STEP-3	STEP-4
タテ3：ヨコ2の割合で顔の形を作る	頭の長さの1/2に目	目と顎までの1/2に鼻を描き鼻から顎までの1/3に口の開く位置・眉毛を描く	髪の生え際から髪の毛を描く

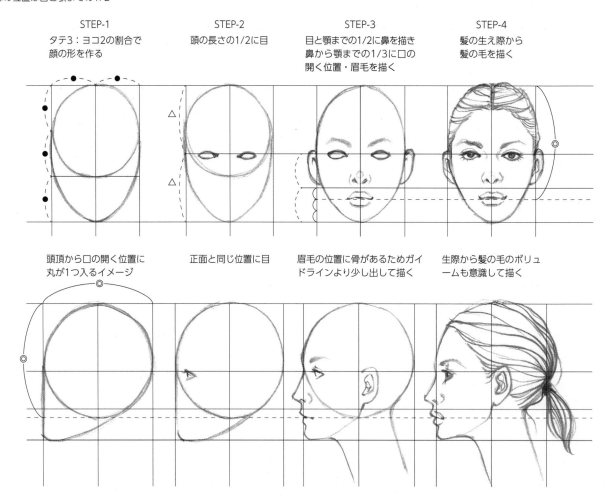

頭頂から口の開く位置に丸が1つ入るイメージ

正面と同じ位置に目

眉毛の位置に骨があるためガイドラインより少し出して描く

生際から髪の毛のボリュームも意識して描く

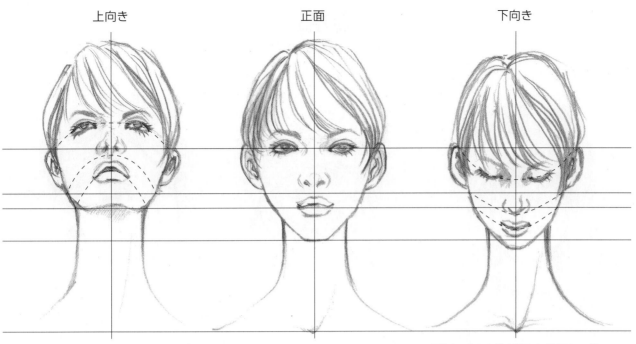

| 上向き | 正面 | 下向き |

上を向いたときガイドラインは上カーブと
なり、目尻は下がり鼻の穴が見え口角は下
がり耳の位置も下がる

下を向いたときガイドラインは下カーブと
なり、目尻は上がり鼻の穴は見えなくなり
口角は上がり耳の位置も上がる

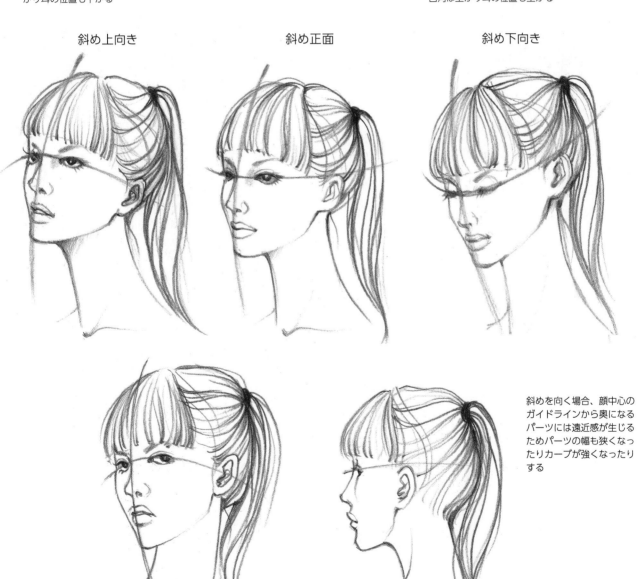

| 斜め上向き | 斜め正面 | 斜め下向き |

斜めを向く場合、顔中心の
ガイドラインから奥になる
パーツには遠近感が生じる
ためパーツの幅も狭くなっ
たりカーブが強くなったり
する

頭部
Hairstyles and hats

ヘアスタイル

ベリーショート、ショートボブ、セミロング、ロング、
ストレート、カール。結ぶ、まとめるなどのアレンジス
タイルまでファッションに合わせて描いてみよう

帽子のバリエーション

帽子の被り方
①深めに被る
②前は浅く、後ろを深く被る
③斜めに被る

手の描き方 *Hand poses*

　デザイン画で描く「手」の表情は、衣服デザインの印象を魅力的に伝える効果がある。手のプロポーションは、下記の要領で全体のバランスをつかみ、描いてみよう。

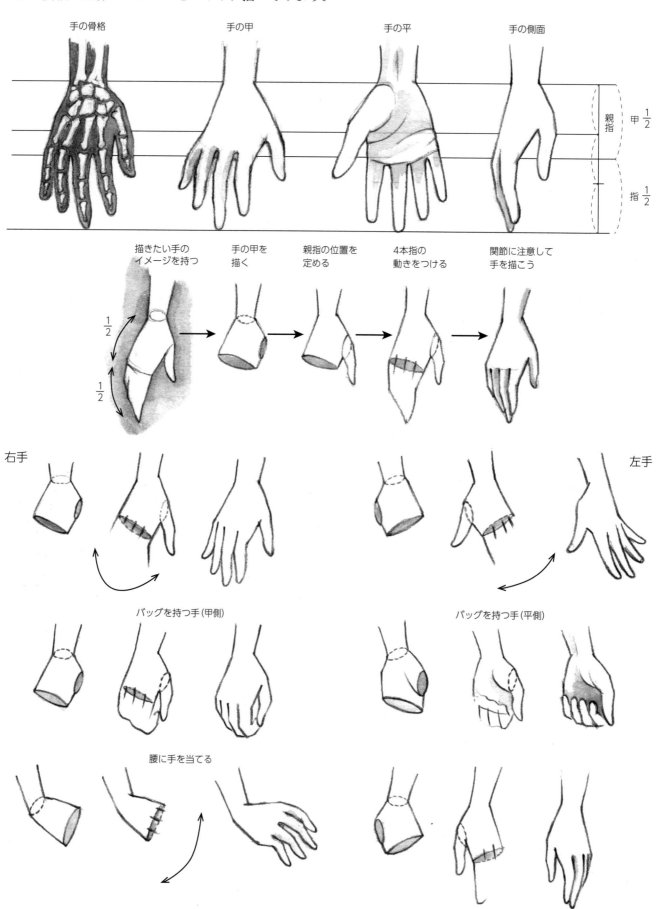

手の骨格　手の甲　手の平　手の側面

親指 甲 $\frac{1}{2}$　指 $\frac{1}{2}$

描きたい手の
イメージを持つ　手の甲を
描く　親指の位置を
定める　4本指の
動きをつける　関節に注意して
手を描こう

$\frac{1}{2}$　$\frac{1}{2}$

右手　左手

バッグを持つ手（甲側）　バッグを持つ手（平側）

腰に手を当てる

腕の描き方 *Arm poses*

腕のポーズは、衣服デザインの中でも特に袖の形を表現する目的がある。デザインを伝えるために身頃と袖のバランスを明確に描くことが大切である。腰に手を当てたり、ポケットに手を入れたり、バッグを持ったり、様々なポーズを描くことができる。腕を高く上げるような激しいポーズは、衣服のフォルムが崩れてしまうことがあるので注意しよう。

手の平の大きさは、
額から顎までの長さ

SP

肘

WL

腰に手を当てたポーズ

SP

肘

WL

しゃっこつ
尺骨

とうこつ
橈骨

肘を曲げる動作で尺骨と橈骨が
自然と交差する

バッグを持つ手

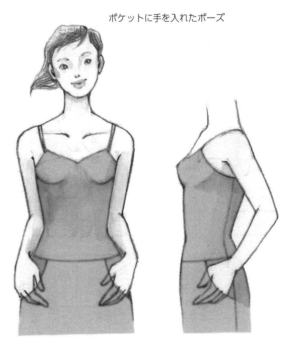

ポケットに手を入れたポーズ

肘を後ろに引くと正面からは腕が短く
見えることに注意をしよう

足の描き方 Foot poses

　足と靴の関係は、ハイヒールとローヒールを比較して理解しよう。甲の傾斜、土踏まずのカーブなどを観察し様々な角度から描いてみよう。

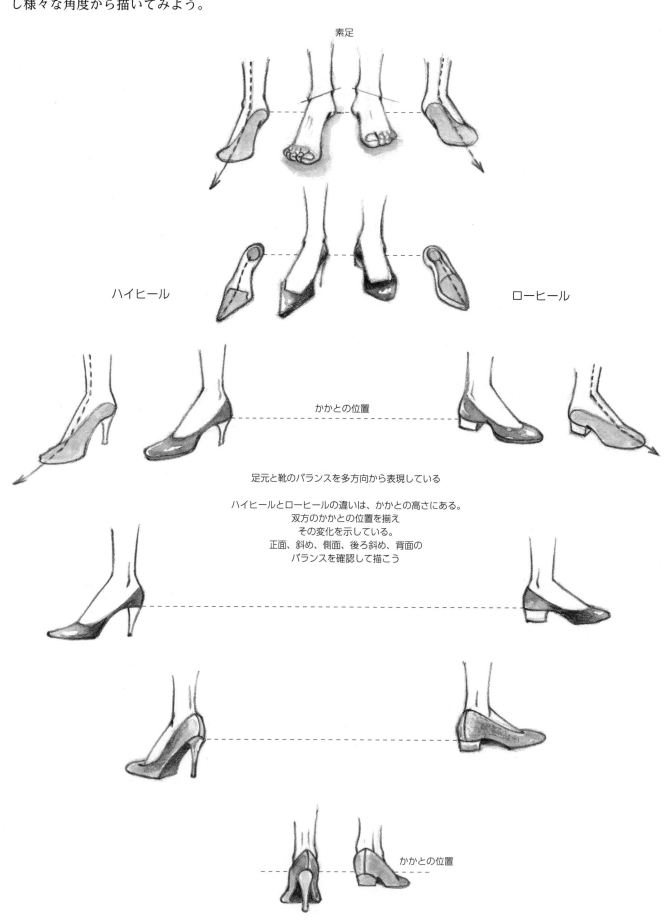

素足

ハイヒール

ローヒール

かかとの位置

足元と靴のバランスを多方向から表現している

ハイヒールとローヒールの違いは、かかとの高さにある。
双方のかかとの位置を揃え
その変化を示している。
正面、斜め、側面、後ろ斜め、背面の
バランスを確認して描こう

かかとの位置

靴のバリエーション

靴の種類をハイヒール、ローヒール、スニーカーの3種類に分類した。靴ならではの立体感、素材の厚み、切り替え線、ステッチなどに注目して描こう。副資材として使用されるファスナー、ベルト、紐などは、着脱方法やデザインを効果的に伝えるパーツになる。立体感に注意して丁寧に描こう。

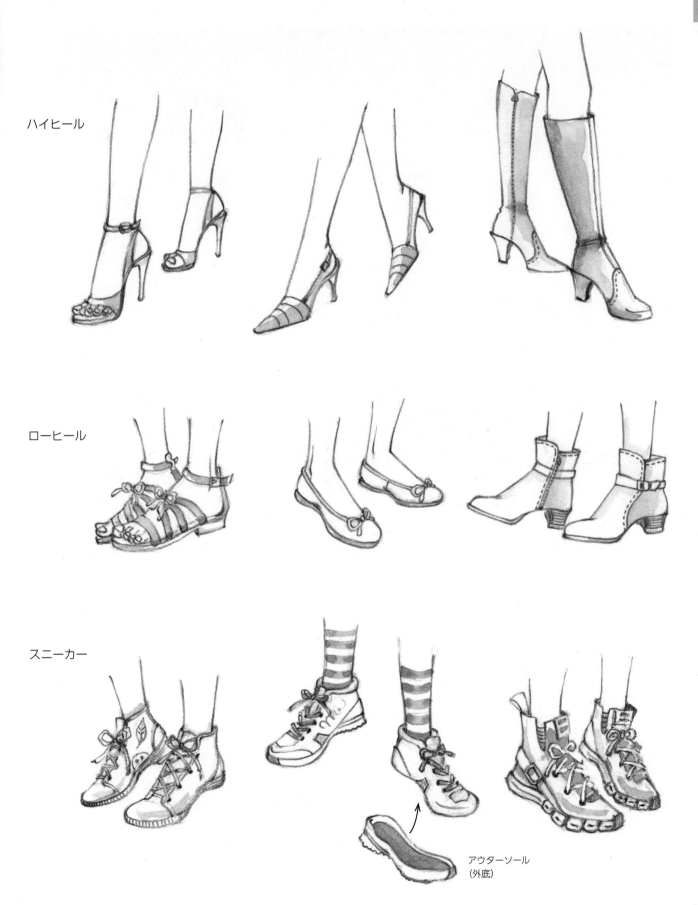

ハイヒール

ローヒール

スニーカー

アウターソール
（外底）

ベーシックドレス
With basic dress

正面ポーズ

着装表現の基本は、正面ポーズにベーシックドレスを着装させてみよう。身体と衣服の間に生じるゆとりの入り方、重力により布地が身体に着く部分と離れる部分も理解しよう。衣服の構造線（縫い目線）となるウエストライン、ダーツ、袖つけ線を明確に描き入れることも大切である。

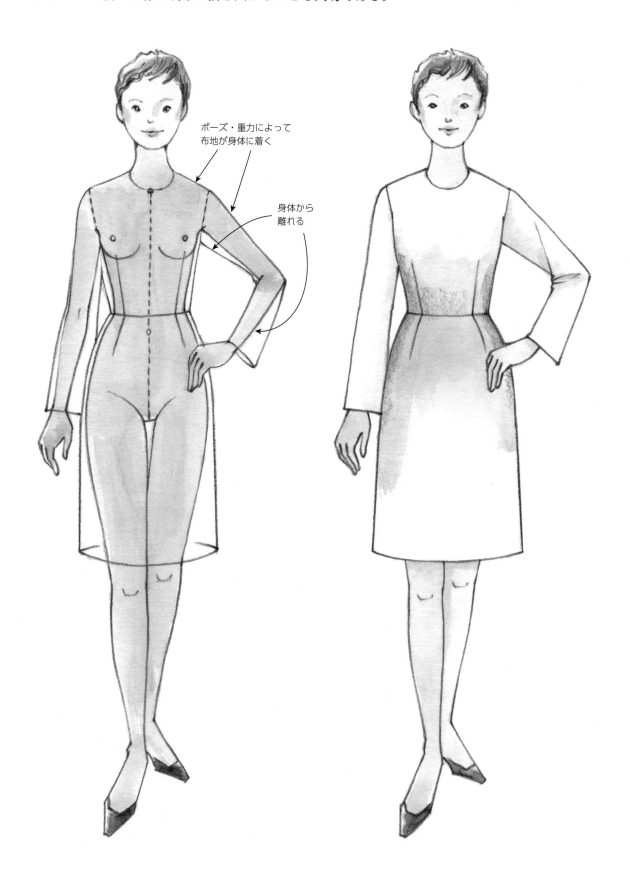

ポーズ・重力によって
布地が身体に着く

身体から
離れる

斜めポーズ

斜めから見たポーズの着装表現は、身体の向きに合わせて厚みを意識して描こう。正面からは見えなかった側面部分にある脇の縫い目線、バストのダーツ、袖つけ線などを描き入れると衣服の構造が明確になる。

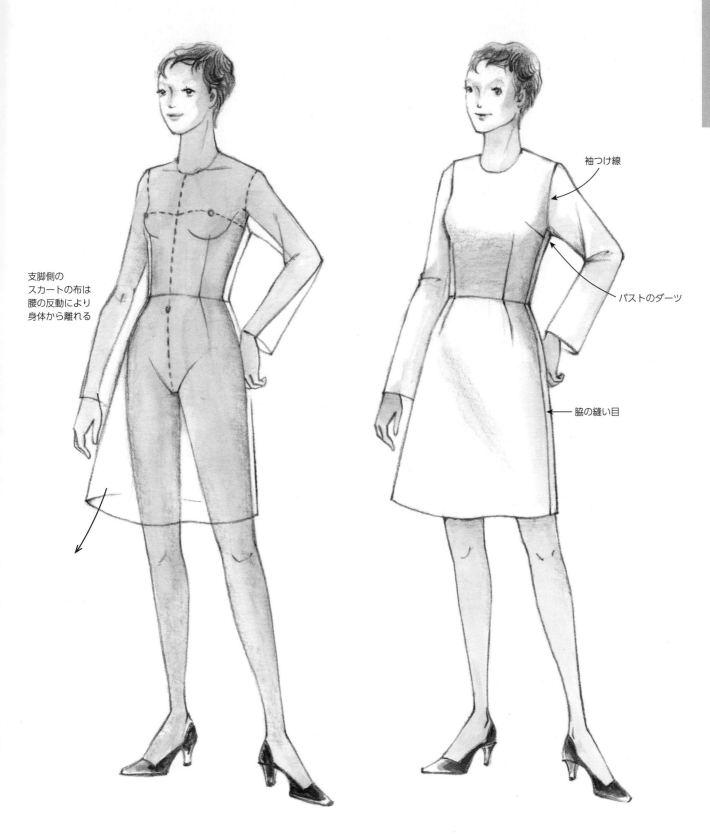

支脚側の
スカートの布は
腰の反動により
身体から離れる

袖つけ線

バストのダーツ

脇の縫い目

服のシルエット
A-line silhouette and boxy silhouette

Aライン

アルファベットのA字型のような上部が小さく裾に向かって広がるシルエットのことをいう。類義語として、トラペーズライン（台形）、テントライン（裾にフレアが加わる）などがあり、夏のリゾートウェアなどに使用されることが多い。

裾線は
後ろ側のつながりも
イメージして
描いてみよう

分量が多いと
フレアが生じる

ボックスライン

箱のような四角いシルエットを意味している。肩幅から裾まで直線的なラインで表現される。（ウエスト部分は、細くしぼらない）ジャケットやコートのデザインに使用されることが多い。

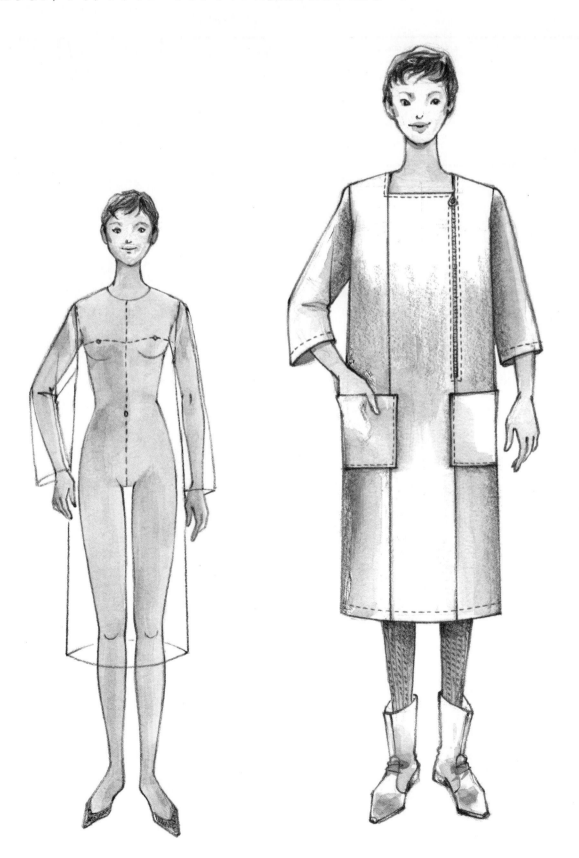

着装表現の基本となる布の表現 *Details of cloth drawing*

　平面的な布にひだを寄せたり、縫い縮めたりすることで布は様々な表情をみせる。装飾的に立体化した布の動きやフォルムの特徴を理解して描くことが大切である。

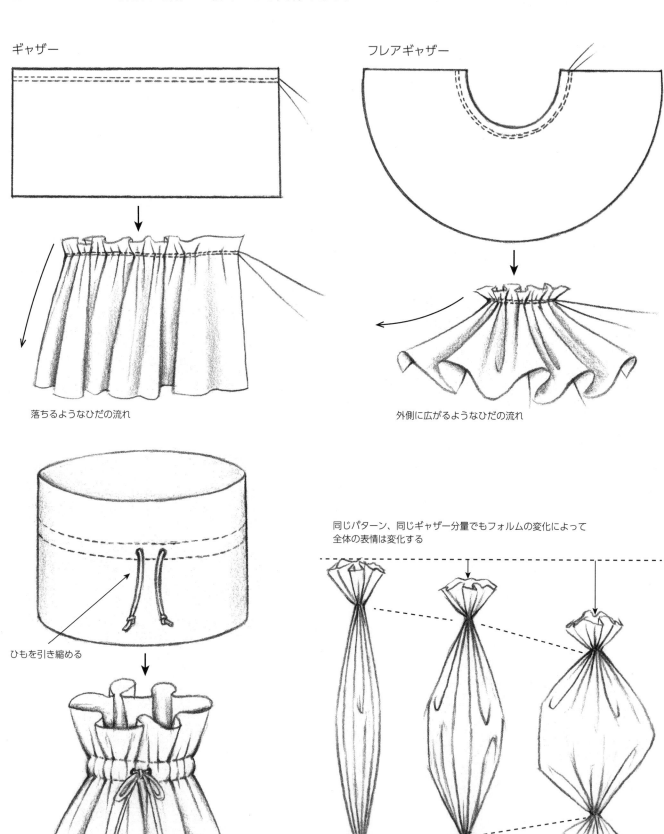

ギャザー

落ちるようなひだの流れ

フレアギャザー

外側に広がるようなひだの流れ

ひもを引き締める

同じパターン、同じギャザー分量でもフォルムの変化によって全体の表情は変化する

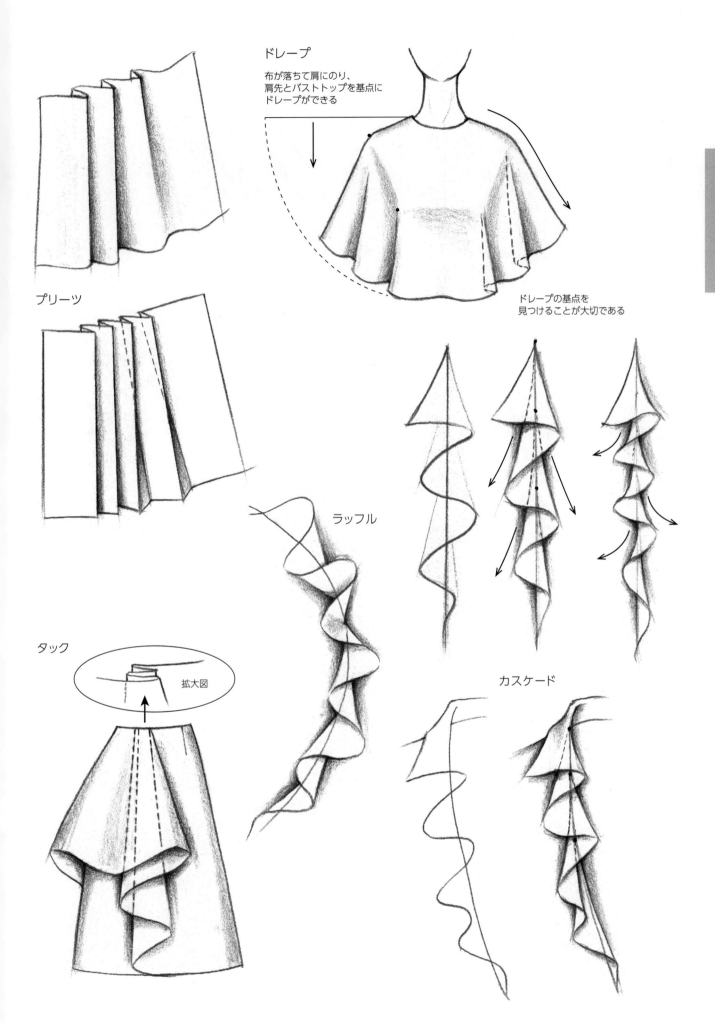

プリーツ

ドレープ

布が落ちて肩にのり、
肩先とバストトップを基点に
ドレープができる

ドレープの基点を
見つけることが大切である

ラッフル

タック

拡大図

カスケード

ドレープ

ドレープの基点の位置が変わると、ドレープの流れも変化する

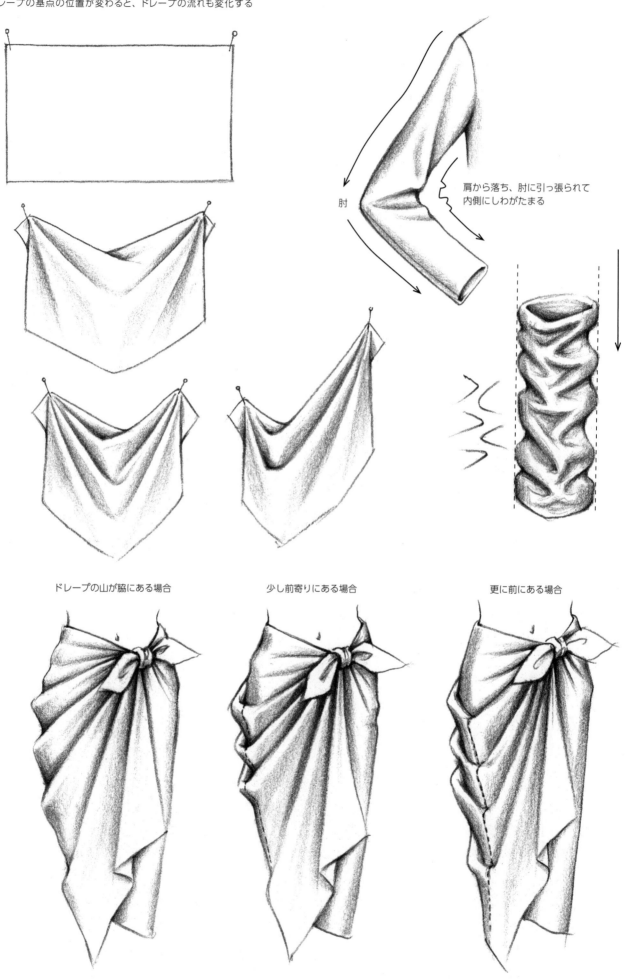

肩から落ち、肘に引っ張られて
内側にしわがたまる

肘

ドレープの山が脇にある場合　　少し前寄りにある場合　　更に前にある場合

地の目の動き・流れ

布（織物）には地の目がある。たて地・よこ地・バイアス地。
ここでは縞柄で地の目の動きや流れを確認する。

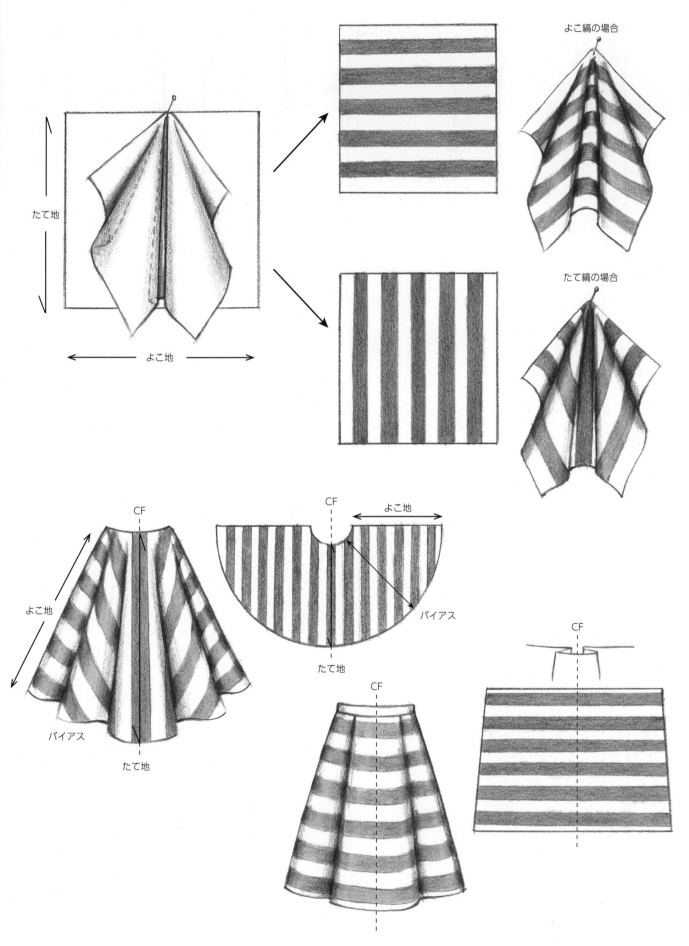

よこ縞の場合

たて縞の場合

スカート *Skirts*

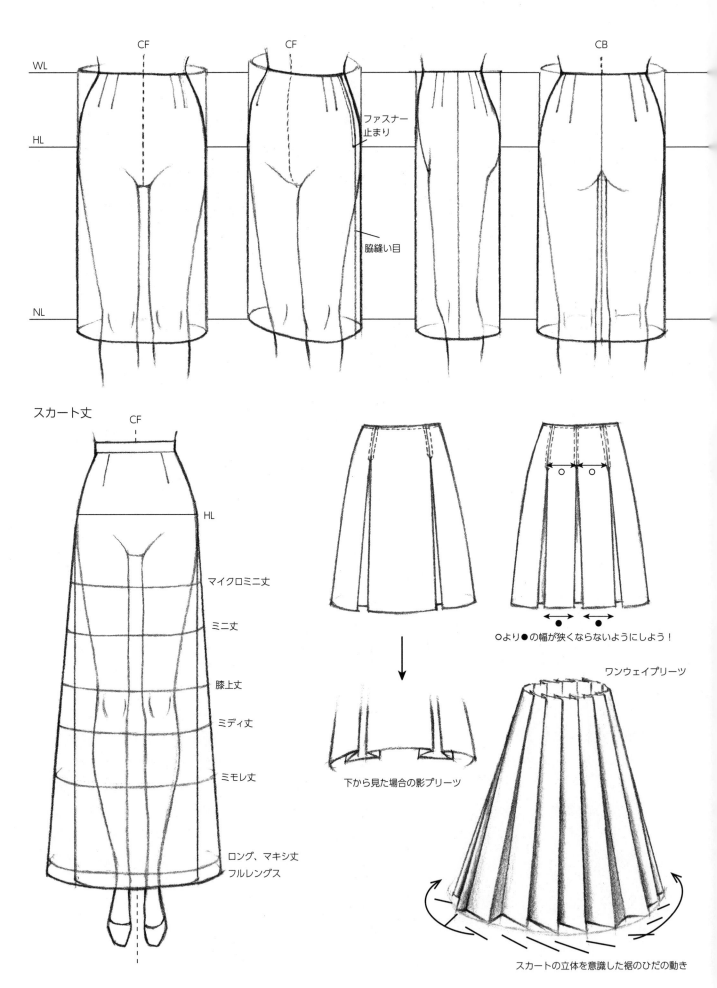

WL CF CF CB

HL

ファスナー
止まり

脇縫い目

NL

スカート丈

CF

HL

マイクロミニ丈

ミニ丈

膝上丈

ミディ丈

ミモレ丈

ロング、マキシ丈
フルレングス

○より●の幅が狭くならないようにしよう！

下から見た場合の影プリーツ

ワンウェイプリーツ

スカートの立体を意識した裾のひだの動き

基本的に布は下に落ちて
いこうとする

CF

HL

膝に引っ張られる

脚の動きに沿うように
裾線を描こう

CF

HL

しわが寄る

CF

HL

しわが寄る

ティアードスカートのように
段々にフリルやギャザーを切り替えた場合、
上から落ちるひだの流れに沿って線をつなぎ
描くことが大切である

パンツ *Pants*

　2本の脚を包むパンツ。人体（脚）の形態を思い浮かべ、パンツの幅（太さ）や股上の深さなどの違いによるフォルムの変化の特徴をとらえて描く。

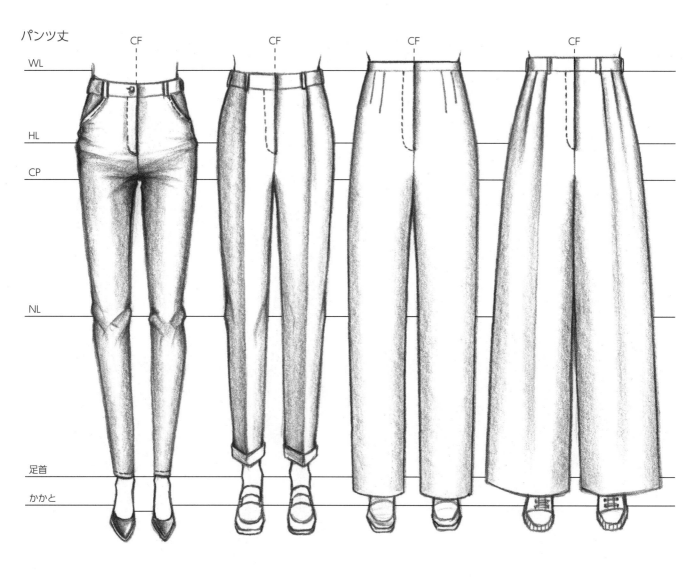

パンツ丈

WL

HL

CP

NL

足首

かかと

CF

CF

CF

CF

パンツの前あきの構造を確認しよう！

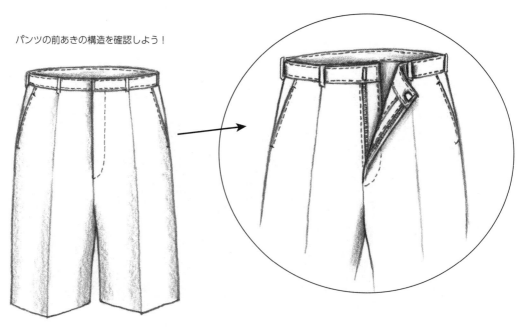

パンツを描くときに気をつけたいのがしわの扱いである。腰や膝のような突起したところを基点として引っ張られ、斜めにしわができる

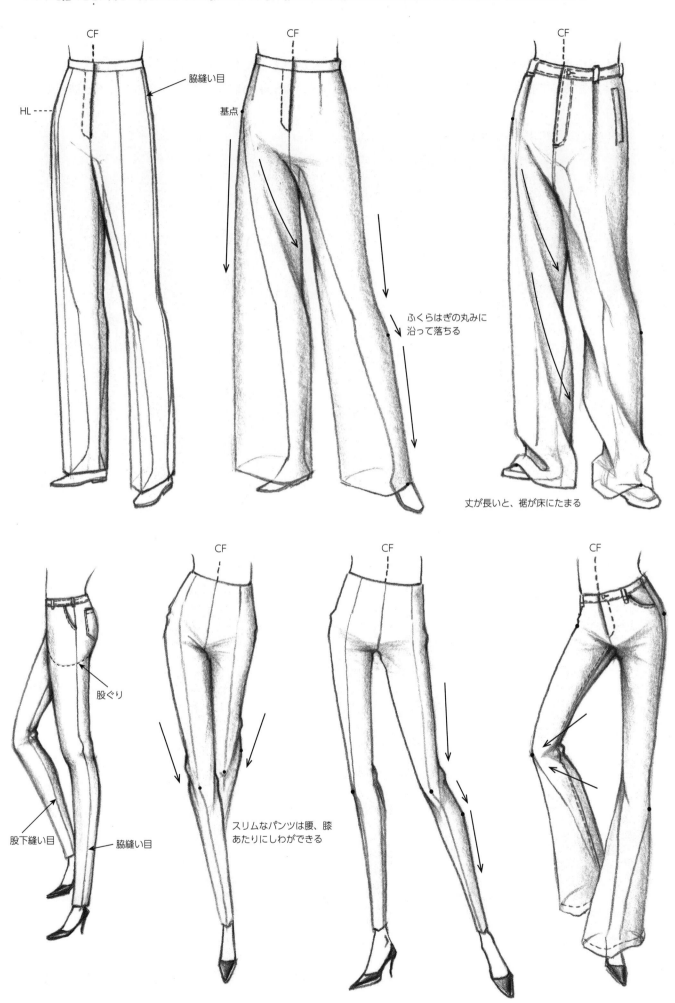

CF

脇縫い目

HL

CF

基点

ふくらはぎの丸みに
沿って落ちる

CF

丈が長いと、裾が床にたまる

股ぐり

股下縫い目

脇縫い目

CF

CF

スリムなパンツは腰、膝
あたりにしわができる

CF

ネックライン *Neckline*

　顔に最も近いネックラインは、顔の美しさを引き立てることができる大きなポイントである。首、肩、胸元に沿うように身体を意識して描く。初めのうちはボディのネックラインや前中心線などの案内線を入れると描きやすい。

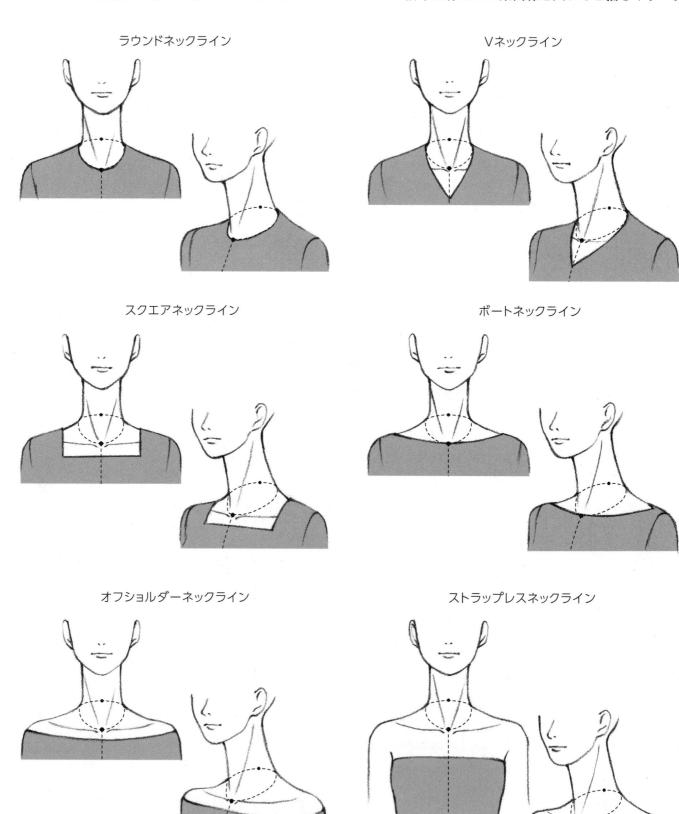

ラウンドネックライン

Vネックライン

スクエアネックライン

ボートネックライン

オフショルダーネックライン

ストラップレスネックライン

衿のデザイン *Collar design*

衿はFNPを基準にデザインを描く。正面、斜め、背面から見たときの衿の形状や衿こしが正しく表現できているか気をつけて描くことが大切である。また、ボタン等のあきの仕様も明確に表現する。

フラットカラー

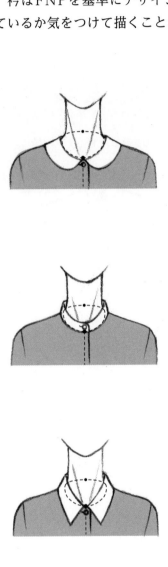

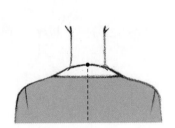

スタンドカラー

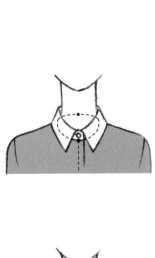

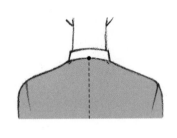

シャツカラー

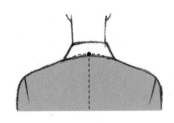

台衿つきシャツカラー

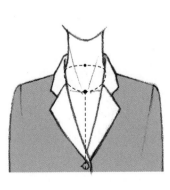

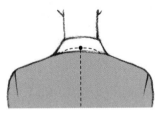

ノッチドラペルカラー

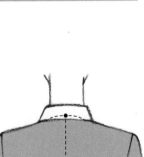

41

シャツ・ブラウス *Shirts / blouses*

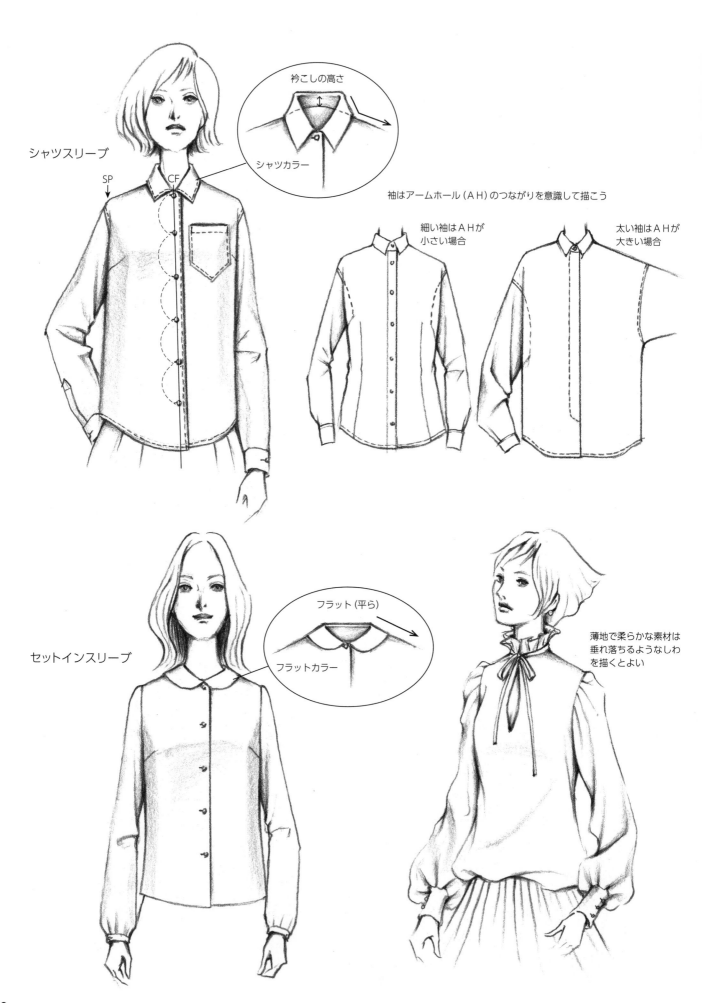

シャツスリーブ

SP　CF

衿こしの高さ

シャツカラー

袖はアームホール（AH）のつながりを意識して描こう

細い袖はAHが
小さい場合

太い袖はAHが
大きい場合

セットインスリーブ

フラット（平ら）

フラットカラー

薄地で柔らかな素材は
垂れ落ちるようなしわ
を描くとよい

ラフな印象を表現するために第1ボタンを開けて描く場合がある。
斜めから見ると左右の衿の見え方が異なるので注意しよう

奥側に見える衿を
観察すること！

細身のシャツ

SP

身幅が広いシャツ

カフスなど袖口のデザインが
分かるように描こう

パフスリーブは、ギャザーや
タックなどの描き込みを
忘れずに!!

肩

肘

肩

腕を曲げると肩と肘に向かって
しわが大きくできる

角度が広い場合

肘

43

ジャケット *Jackets*

身体のラインにフィットした細身のジャケットは、
トルソーの立体をイメージして
ダーツや切り替えの位置などを描き入れる。

シングルブレスト　テーラードジャケット

前中心（CF）に対して
左右対称を意識するこ
とを忘れずに！

2枚袖
外袖と内袖の
縫い目

肩パッドが入っている
袖山のフォルム

袖山に肩パッド

肩パッド

ダブルブレスト

打ち合せの重なりを
意識すること

シャネル風ジャケット
少し肉厚ウールをイメージして
ややボリュームをつけ、しわの
描きすぎに注意

レザーのライダースジャケット
ファスナーやドットボタンなどの
副資材やステッチなどの
ディテールの描き込みが大切

CF

上衿

ゴージライン

返り線

ラペル

ストライプ柄のジャケット
柄の描き込みに気をつけよう。特に衿
は地の目を間違えやすいので要注意！
身頃は地の目が通る前中心から脇に向
かって、袖は袖山から脇下に向かって
描くとよい

コート *Coats*

春秋の装いに活躍する薄手のコートなどは軽やかに羽織るようなイメージで描くとよい。

トレンチコート

デザインを説明する場合は、ボタンをとめてコート全体のフォルムをしっかりと表現しよう

前中心に対して左右対称に各パーツを配置するように描くこと

コーディネートを表現する場合は、前を開けて描くこともある

後ろに回り込むことを意識する。

ダッフルコートのような厚手の防寒用コートは、重量感を意識して描くとよい。コートの下にシャツやセーター、ジャケットなどボリュームのある服を着ていることをイメージする。

ダッフルコート

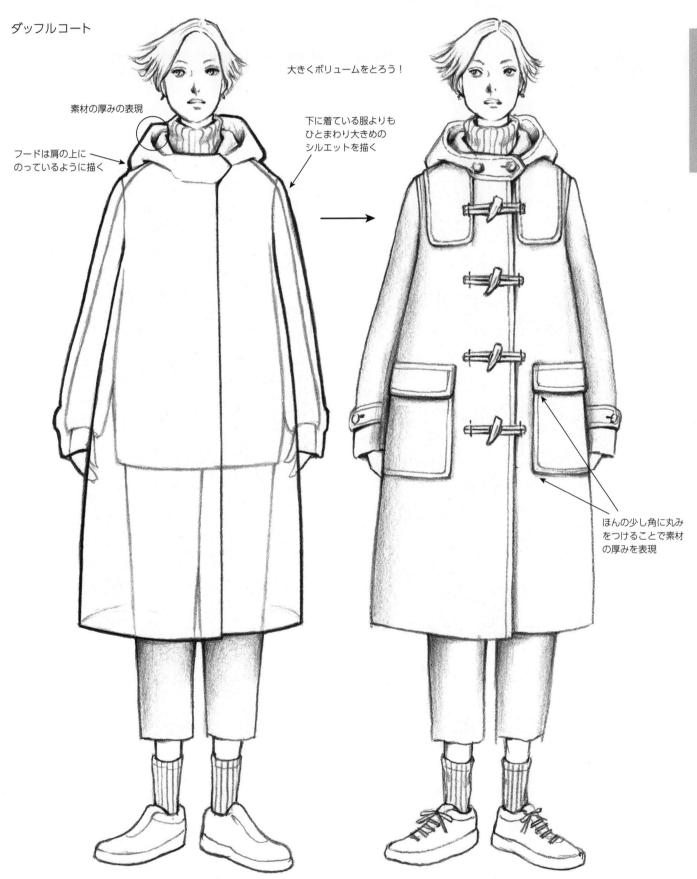

大きくボリュームをとろう！

素材の厚みの表現

フードは肩の上に
のっているように描く

下に着ている服よりも
ひとまわり大きめの
シルエットを描く

ほんの少し角に丸み
をつけることで素材
の厚みを表現

立体と陰影 *Shading*

　彩色の練習をはじめる前に、モノを立体的に捉える練習をしよう。モノは光に照らされることで陰影が生じ、形が立体的に浮かびあがる。ドローイング（線画）に陰影をつけることで立体感や量感（重み）、質感を表現し、一層そのモノの形を詳細に説明することができるのである。

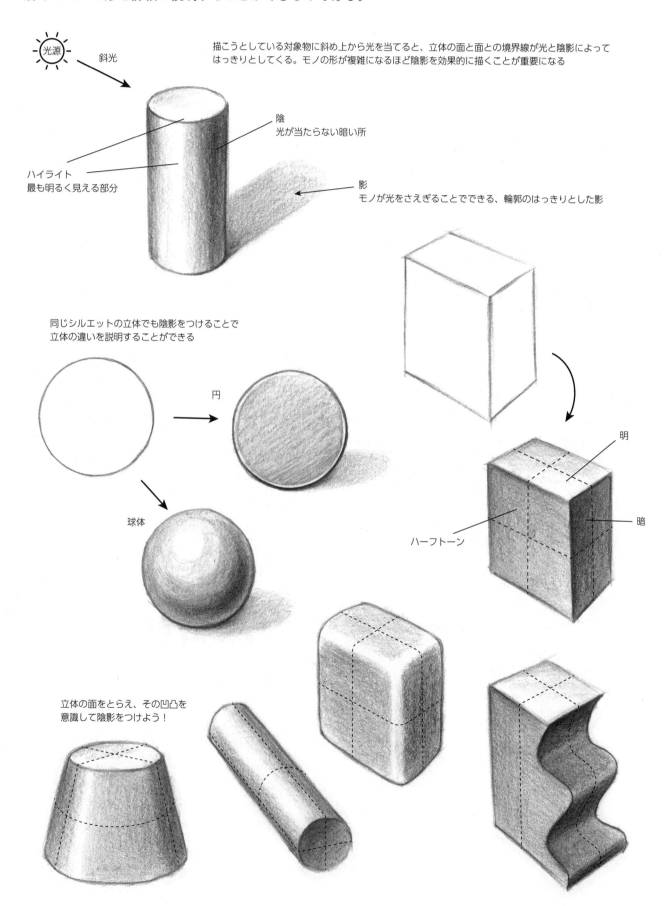

光源

斜光

描こうとしている対象物に斜め上から光を当てると、立体の面と面との境界線が光と陰影によってはっきりとしてくる。モノの形が複雑になるほど陰影を効果的に描くことが重要になる

陰
光が当たらない暗い所

ハイライト
最も明るく見える部分

影
モノが光をさえぎることでできる、輪郭のはっきりとした影

同じシルエットの立体でも陰影をつけることで
立体の違いを説明することができる

円

球体

明

暗

ハーフトーン

立体の面をとらえ、その凹凸を
意識して陰影をつけよう！

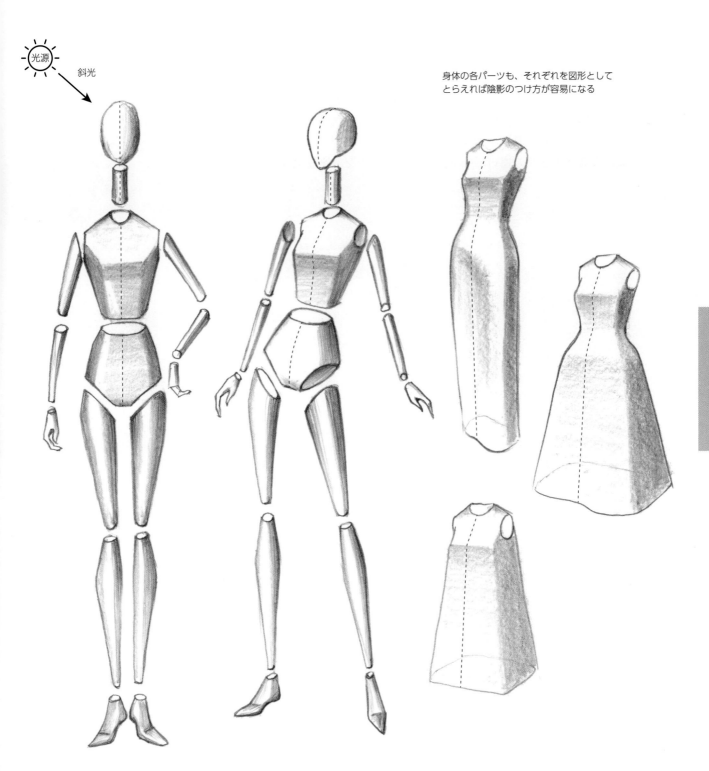

身体の各パーツも、それぞれを図形として
とらえれば陰影のつけ方が容易になる

光源

斜光

陰影を描くことで、立体感だけではなく、材質の違いも表現できる

3

彩色テクニック

アウトライン *Outline*

アウトラインとは、デザイン画の仕上げ線を指す。アウトラインを入れることでデザイン画の完成度を上げることができる。また、使用する画材の種類や色によって仕上がりに違いが出るので、イメージに合わせて選ぶとよい。画材の種類による仕上がりの違いとペン入れの際のポイントを説明する。

陰影の表現

光源

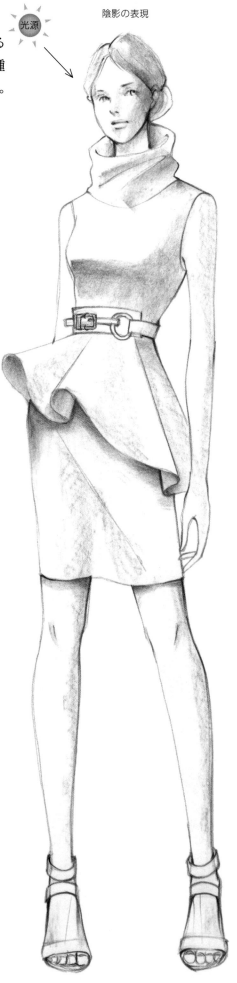

1 使用する画材の種類

アウトラインに使う画材は様々ある。筆圧の強弱で変化をつけられる鉛筆や筆ペンに対して、ドローイングペンは、一定の太さで描画することができる。

色鉛筆

ドローイングペン
0.1mm

ドローイングペン
0.5mm

ドローイングペン
1.0mm

筆ペン

2 光の方向を意識したアウトラインの入れ方

線に強弱をつける際のポイントとして、光の方向を意識し、光が当たっているところは細く、影の部分は太く入れることで、線だけでも光と影を感じることができるようになる。また、輪郭線を強調しインパクトを持たせる方法もある。

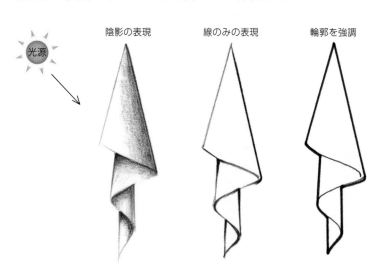

光源　　　　陰影の表現　　　線のみの表現　　　輪郭を強調

光源

色鉛筆

ドローイングペン
(0.1mm 0.5mm)

筆ペン

ドローイングペン
(0.1mm 0.8mm)
輪郭強調

用紙 *Paper*

用紙の種類と特徴

　ファッションデザイン画に用いる紙には主に画用紙、水彩紙、ケント紙などがある。下記の表でそれぞれの特徴を示す。画材との相性も考えながら、好みやデザインに合った発色具合や滲み具合などから最適な紙を選べるようにしよう。また、例として白地を紹介しているが、色のついた用紙を使用してもよいだろう。

　仕上げの際には、下記のような厚紙に描くことが多いが、マーカーの場合には、コピー用紙や薄手のマーカー専用紙を使用することもある。その他、下記以外にどの画材でも使用しやすい用紙として、多用途に使えるファインペーパーという種類（表面にテクスチャがある用紙）のマーメイド、コットンなどもある。

　また、同じ用紙の中でも様々な厚さのものが売っている場合があるが、厚くなるほど、水の含みがよく、値段が高くなる。

	表面のようす	透明水彩絵の具
画用紙 ・図画用紙として一般的に使われている　学校教材でも使用され、比較的安価 ・表面に凹凸有り（細目〜中目程度） ・消しゴムを多用すると紙面が毛羽立つ ・水の含みが比較的よい ・水彩紙よりは水の含みがよくないので、　重ね塗りを繰り返すと紙面が傷む ・種類 　サンフラワーM画／A画、 　ニューTMKポスター、再生色画用紙、 　ミタント　など ※右図はサンフラワーM画		
水彩紙 ・水溶性の絵の具に特化している ・画用紙と比べて紙の表面が強く厚手 ・表面に凹凸有り（極細目〜荒目と多様） ・消しゴムを使用しても毛羽立ちにくい ・水の含みがよい ・種類 　ワトソン、ウォーターフォード、 　水彩紙マーメイド、アルシュ　など ※右図はホワイトワトソン		
ケント紙 ・製図やイラストによく使われる ・表面の凹凸が少なく滑らか ・消しゴムを使用しても毛羽立ちにくい ・絵具やインクが滲みにくい ・吸水性、保水性が低い ・種類 　ホワイトピーチケント、KMKケント、 　カラーケント ※右図はホワイトピーチケント		

用紙の表裏の見分け方

用紙の種類やメーカーによっても違うが、以下の方法を紹介する。

①表面と裏面の質感の違い（用紙によって質感が違うので注意）

　例えば、M画用紙は表面がざらざら、裏面がつるつる。ワトソン紙とピーチケント紙は表面が比較的つるつる、裏面がざらざら。

②透かしてウォーターマークの文字を見る（水彩紙）右図

　文字が読めるほうが表。全ての水彩紙で確認できる方法ではなく、同じメーカーのものでも裁断箇所によってはマークが載っている紙と載っていない紙が出てしまうこともある。

ウォーターマーク

不透明水彩絵の具	アルコール性マーカー	パステル	色鉛筆

パネルの水張り

水張りとは、絵を観賞用に仕立てるため紙に歪みが出ないようあらかじめパネルに張る手法である。
水を塗り紙が膨張した状態でパネルに張ることで、後から水彩画を描き紙がふやけても乾かせば元に戻り、絵が美しく仕上がる。また、描画中も安定的に描くことができ、立てかけて遠目で絵を確認することができる。
水張りには様々な方法があるが、ここではホチキスを使用した方法を紹介する。

用意するもの

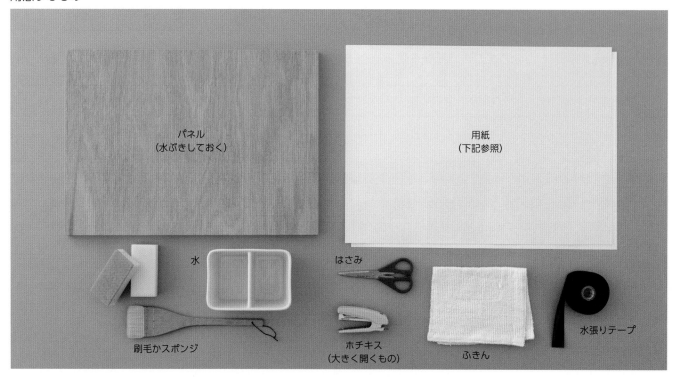

紙のサイズ

パネルの規格サイズより少し大きめ（四方1.5cmくらい）の用紙を準備する。

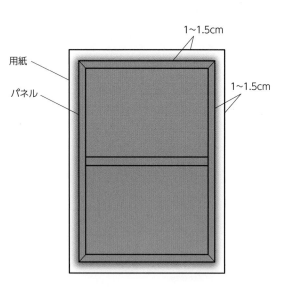

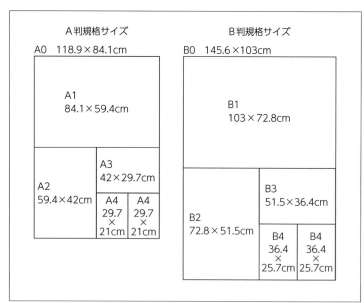

水張りの方法

① 裏面中央に水をつける
透かしがある場合文字が読めるほうが表

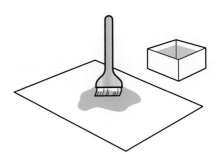

② 四方・八方にのばす

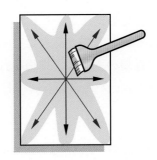

③ 全面にのばし浸透させる
待つ間、乾いた所は水を塗り直す

5分
以上

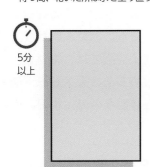

④ 紙の中心にパネルを置く
余白が均等になるように

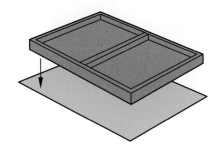

⑤ 紙を押さえながらひっくり返す

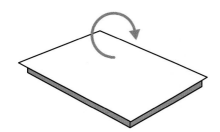

⑥ 空気を抜く
紙の表面が濡れている場合は
ふきんで軽く拭き取る

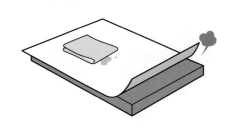

⑦ 空気を押し出すように折る
斜めに引っ張らない

⑧ 紙の角を折りたたむ

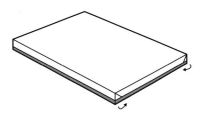

⑨ ホチキスで固定
紙が乾く前に手早く行う

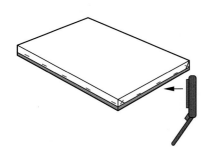

⑩ 1周テープを貼る
刷毛でテープの糊面に水を塗り、接着する

2mm
ひかえる

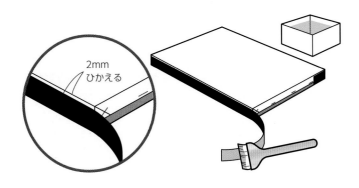

⑪ 平らな場所で乾燥させて完成
壁などに立てかけると乾きにムラが生じるため平らに置く

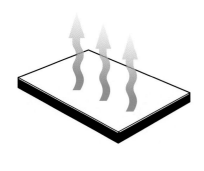

画材 *Drawing tools*

　ここではファッションデザイン画を描く上で一般的によく使われている画材を紹介する。いろいろな画材に触れ、試しながらその特徴を知り、自分の表現に合った画材を選ぶとよい。また、時には普段使わないような画材を使うことで、新たなアイデアや表現が生まれるかもしれない。

　デザイン画では、素材感やディテールを詳しく描き込むことも大切だが、思い浮かんだアイデアをいち早く描きとめるようなスピード感も大切だ。仕事の上では、準備や仕上がりに時間のかからないものを選んで使うことも必要なので、状況に応じて使い分けていくとよい。

絵の具

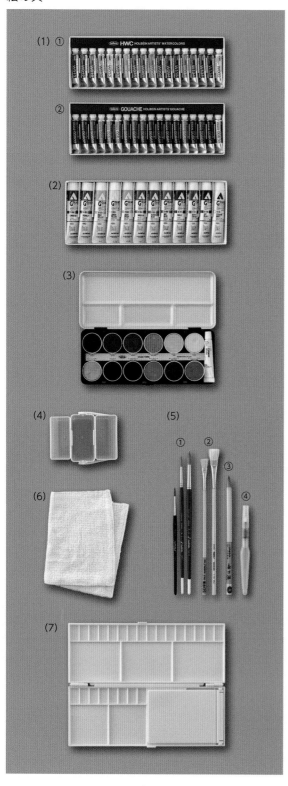

（1）水彩絵の具

　水彩絵の具は色料の「顔料」と糊材の「アラビアゴム」からなり、この2つの主成分の割合で透明か不透明かが変わる。

　①透明水彩絵の具…含まれるアラビアゴムの濃度が高く下地が透けるため、透明感があり紙の質感を活かした表現ができる。

　②不透明水彩絵の具（ガッシュ）…透明水彩絵の具に比べてアラビアゴムの濃度が低いため下地が透けず、ムラのないフラットな彩色ができる。

（2）アクリル絵の具

　アクリル系合成樹脂を使用した水溶性の絵の具。乾きが早く、耐水性のため重ね塗りが容易。そのため紙パレットを使用するとよい。不透明性の高いアクリルガッシュもある。

（3）固形タイプ（透明・不透明水彩、顔彩）

　絵の具はチューブタイプと固形タイプがあり、チューブタイプはなめらかで広い面の彩色に適している。固形タイプは準備が簡単で持ち運びに便利。

（4）筆洗

　仕切りがあると綺麗な水と汚れた水との使い分けができ便利。

（5）筆

　彩色する面積に合った太さ（号数）を選ぶことでスピーディにデザイン画を仕上げられる。

　①丸筆…立体感を出すことや細かい表現に向いている。穂先が細いと細い線を描きやすい。

　②平筆…平塗りやストロークを活かした表現ができる。

　③隈取筆…水分を沢山含ませて、着色面の境目をぼかすときに使う。

　④水筆…軸に水を入れて使うので筆洗が要らず、持ち運びに便利。

（6）ふきん

　筆に含まれる水分のコントロールが重要なため、吸水性のよいふきんが必要。

（7）パレット

マーカー・ペン

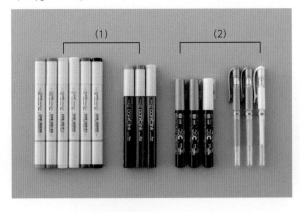

マーカーは水性・油性・アルコール性などがあり、色料は染料インクと顔料インクがある。

（1）アルコール性マーカー・補充用インク

アルコール性マーカーは色数が豊富。色料は主に染料が使用されているため色は透明で、重ねると下地が透ける。紙への浸透性が高く薄い紙だと裏写りするので注意が必要。また、インクを補充したりペン先を交換したりすることで長く使用することができる。

（2）顔料インクペン

不透明なので、細かなハイライトを描いたり、濃色で彩色した上からディテールを描き込んだりするのに便利。金属色はファスナーや金属ボタンなどの表現に適している。

パステル

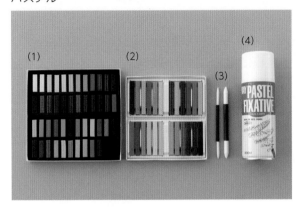

（1）ソフトパステル

顔料を少ない粘着剤で固めた柔らかいパステル。ハードタイプより発色がよく伸びもよい。

（2）ハードパステル

顔料を少し多めの粘着剤で固めた硬いパステル。比較的割れにくくクロッキーなどもしやすい。

（3）擦筆

パステルはクレヨンのように直接描くこともできるが、カッターなどで削り、粉末にしてから指や擦筆で塗り込む手法もある。

（4）フィキサチフ（定着液）

パステルは紙面への定着力が弱いので、フィキサチフをかけて定着させる。

色鉛筆

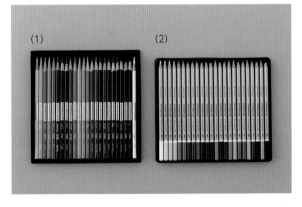

色鉛筆は顔料とろう質などの成形材とでできているため、鉛筆より紙への定着性が高い。線やタッチの表現方法、色の組み合わせ、筆圧の強弱などを変えることで様々な表現ができる。また、手を汚さずに手軽に使用できるため他の画材の補助画材としても使いやすい。種類は油性と水溶性とがある。

（1）油性色鉛筆

芯が柔らかく発色がよい。

（2）水溶性色鉛筆

油性色鉛筆のようにそのまま描画もできるが、描いた後に筆などで水分を加えると水彩画のような仕上がりにもできる。

その他

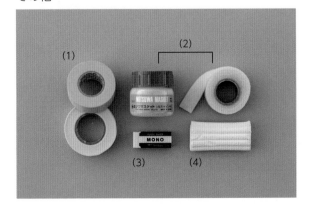

（1）マスキングテープ

彩色しない面を綺麗に残したいときに使うとよい。紙の表面が剥がれないように慎重にゆっくりと剥がしたり、貼る前に粘着力を調整したりする必要があるので注意。

（2）マスキング液・ラバークリーナー

柄などの自由な形に残したいときに使うと便利。マスキング液を剥がすときはラバークリーナーを使う。

（3）消しゴム

（4）練り消しゴム

しっかり消せる消しゴムに対し、練り消しゴムは下描きを薄く残すときなど濃淡をつけて消したいときに使う。

透明水彩絵の具 *Transparent watercolor painting*

ウェットインウェット
（たらし込み）

かすれ

ドリッピング

平塗り

ぼかし

透明水彩絵の具は透明度が高く、紙の白や質感を活かした表現ができる。塗り重ねるごとに色彩が深まり、水分量の調整で表現の幅が広がるため、水含みのいい水彩紙や画用紙に描こう。作品として仕上げる際は水張りをしてから描くとよい。

1 紙の白を残す彩色

①水を多めに絵の具を溶き影の部分を彩色する

②イメージする素材に近い濃さになるまで重ね塗りをする

③②で完成としてもよいが、水を含んだ筆で境目をぼかすとなめらかなグラデーションとなる

2 平塗りし、重ね塗りをする彩色

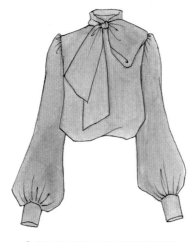

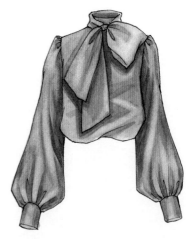

①水を多めに絵の具を溶き平塗りする

②①が乾いたら①と同じ絵の具で影の部分を彩色して立体感を出す

③②を繰り返し、コントラストを出す。光沢感のある素材は水のみ含んだ筆で色を抜く

紙の白を残す彩色

ぼかしを活かした彩色

カールしたヘアスタイルはにじませて彩色すると軽い印象に

光の当たる部分は彩色せず、紙の白をハイライトとして残す

絵の具を薄めに溶き、柄を描くと下地が透ける

無色の水を塗った後乾かないうちに絵の具をたらし込み彩色する（ウェットインウェット）

濃い色で彩色し紙の白を残すと強い光沢のある素材表現となる

紙の白を残さず彩色するとマットな素材表現となる

不透明水彩絵の具(ガッシュ) *Opaque watercolor painting (gouache)*

ウェットインウェット
ドリッピング
平塗り
ハーフ＆ハーフ
切り塗り
たたき塗り
かすれ
ぼかし

　不透明水彩（ガッシュ）は透明水彩のようにも描けるが、主にべた塗りや重ね塗りに適した画材である。表現の幅が広い画材である。

1 重ね塗り

①全体を着色する　　②土台が乾いてから、柄を描く　　③重ねて柄を描く

2 グラデーション

①2色の色を境界線まで
ベタ塗りする

②乾かないうちに、両側の色で
境界線をぼかす

3 ブラシによるグラデーション

乾いてから片側の色をブラシや
スポンジででたたくように塗る

60

重ね塗りを活かした彩色

光の部分を塗り残す彩色

背景を大きめの平
筆で着色した後に
着装画を描く

カラフルな配色の柄を
描いた後に服の陰影を
つける

色数の少ない着装画に
差し色を入れて、モダ
ンな印象に

光が当たっている
部分にマスキング
テープを貼り、影
部分を着色する。
黒の濃淡でリズミ
カルに筆を動かす

光沢が強い素材は
濃淡の差が隣り合
わせにくるので、
不透明水彩が表現
しやすい

アルコール性マーカー *Alcohol marker painting*

1色を重ね塗り

グラデーション

透明感を活かした混色

4度塗り

1度塗り

　ここではファッションデザイン画によく使われるアルコール性マーカーの彩色テクニックを紹介する。塗り込んでも紙の表面が傷まないため、彩色した後に色鉛筆等で描き込むと効果的である。透明度が高く発色がよいので、重ね塗りによって立体感や素材感を表現できる。

1 全面を塗り込む彩色

①影の部分を彩色する

②①と同色で全体を平塗りする。何度か繰り返すとムラが目立たなくなる

③①、②で使用した色より濃い色で更に影の部分を彩色する

④①、②で使用した色で③との境目をぼかす

濃色で消えた構造線等は白色鉛筆で描き加える

2 紙の白を残す彩色

①影の部分を彩色

②①より1段階濃い色でコントラストをつける。淡色は紙の白を活かす

3 色を抜く

①1の要領で彩色する

②透明（アルコールのみの無色）で光が当たる部分を塗ると色が抜ける

全面を塗り込む彩色

紙の白を残す彩色

ニットのベースを塗った後、透明
（アルコールのみ）で縦縞を描き
リブの凹凸を表現

光が当たる部分は塗り
残してコントラストを
つける

影の部分は一段
階濃い色を重ね
て強い照明が当
たっているよう
なコントラスト
をつけると印象
が強くなる

塗り込んでも紙の元の質感を
損なわない（紙が傷まない）
ので色鉛筆が乗せやすく、後
から色鉛筆で描き込むと素材
感やディテールを最大限に表
現することができる

パステル *Pastel painting*

スカンブリング

グラデーション

マスキング

1 基本テクニック

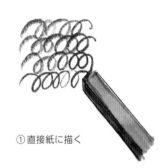

①直接紙に描く

②指や擦筆ですり込む

①カッターなどで削る

②指や擦筆ですり込む

2 マスキング液を使用した白抜き

①マスキング液で、白抜き
　したい柄を描く

②液が完全に乾いてから、
　パステルを削る

③指や擦筆ですり込む

④フィキサチフで定着させた後に、
　マスキング液をはがす

3 重ね塗り

①全体に中間色を着色する

②フィキサチフで定着させた後に
　濃色で影の部分を着色

③①～②を素材に近づくまで
　何度か繰り返す

④光の当たる部分に消しゴムでハイラ
　イトを入れる。
　細部は色鉛筆を使うと表現しやすい

重ね塗りを活かした彩色　　　　　　　　　　　グラデーションを活かした彩色

重ね塗りを繰り返し
深みを出す

細かなパーツは、
色鉛筆を使用する

凹凸のある部分の
影を濃色で彩色。
光の部分は練りゴ
ムや消しゴムでハ
イライトを入れる

インナーの影を
着色した後に、
フィキサチフで
定着させる

マスキング液で柄
を描いた後に、何
色かのパステルを
削り、グラデー
ションをつくりな
がら彩色する。
ワンピースからは
み出した部分は、
消しゴムで消して
から、フィキサチ
フをかける

3

彩色テクニック

65

色鉛筆 *Colored pencil painting*

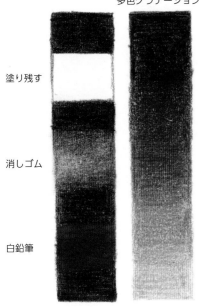

多色グラデーション　　　単色グラデーション　　　　　　　　　　　いろいろなストローク

塗り残す

消しゴム

白鉛筆

1　紙の白を残す彩色

①ベースの色を1色決め、陰影をおおまかにつける。ハイライト部分は塗り残す

②①より暗い色の色鉛筆を立てて持ち、より暗いところに陰影を細く入れる。アウトラインを部分的に強めてもよい

③よりコントラストをつけたい場合は黒や①より暗い色で陰影を足す。素材感に合わせてコントラストの調整をする

2　消しゴムでハイライトを入れる方法

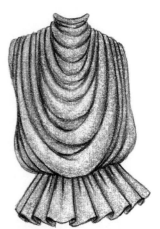

陰影をつけながら白い部分を残さずに全体を着色し、ハイライト部分を消しゴムで消す。塗り残す仕上げよりコントラストの弱い柔らかな印象に仕上がる

3　全面を塗り込む彩色

①色鉛筆を寝かせて持ち、陰影をおおまかにつける

②ベースの色を全体に平塗りする

③①より暗い色で、更に陰影をつける

④素材や立体感に合わせて白鉛筆や消しゴムでハイライトを入れたり柄や織を描き込んだりする

紙の白を残す彩色

全面を塗り込む彩色

陰影の面にベース
の色とそれより暗
い色をのせる

金属やレザーなどの
光沢のある素材は色
鉛筆を尖らせ立てて
持ち、紙の目をつぶ
すように描く

素材感に合わせたスト
ロークを使う。
例えばこの場合は色鉛
筆を寝かせてくるくる
とした質感を表現

紙の白地の部分は大胆に残すと
スピーディに仕上がる

細かい模様や素材の凹凸感は
色鉛筆の先をしっかりと尖ら
せて描く

靴や髪の毛などは服の色
とのコントラストを際立
たせて着色するとデザイ
ン画にメリハリが出る

素材表現とは
How to draw textured fabrics

　ファッションデザイン画を描く上で大切な要素の一つとして素材表現がある。これは素材なくして服は成立しないからだ。デザイナーは素材が生み出すフォルムや質感を正確にとらえ、デザイン画として伝える必要がある。このページでは素材の特徴を観察し、表現する基本的な方法について説明する。

point 1　素材を知る

素材を表現するにはその素材をよく知ることから始めるとよい。実物の素材に触れ、つまんだり折り曲げたりして厚み・張り感・ドレープ性・表面の特徴などを感じよう。気に入った素材はスワッチを集めて生地名や組成をメモするとよい。更に似た素材の服の写真資料を収集し、どのような立体になるのか観察する。

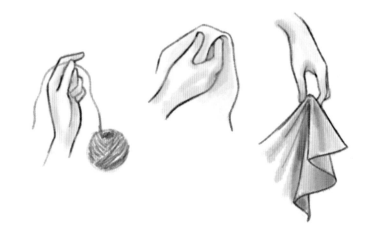

point 2　フォルムをとらえる

次に素材が持つ厚み・張り感・ドレープ性をイメージして服のフォルム（形）を描く。厚みが現れる端部（衿・前端・裾など）には特に注意しよう。

普通〜中肉

厚地

point 3　表面の質感表現

最後に表面の特徴をとらえてアウトラインを描き彩色する。基本的にはどんな画材でも表現は可能であるが、細かい部分は色鉛筆などで描き込むとより素材感が伝わる。

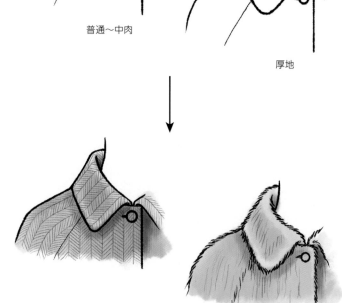

step 1 色々な感触の「線」を描いてみよう

素材をよく観察できたらまずは鉛筆を持ち、その素材を触ったときの感触を「線」に投影してみよう。

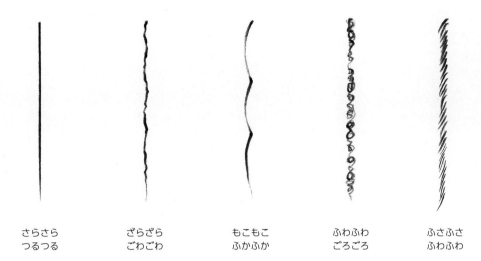

| さらさら
つるつる | ざらざら
ごわごわ | もこもこ
ふかふか | ふわふわ
ごろごろ | ふさふさ
ふわふわ |

 step 2 その線が立体になると…

step1で描いた線で円柱の立体を描いてみよう。どんな素材に見えてくるだろう？

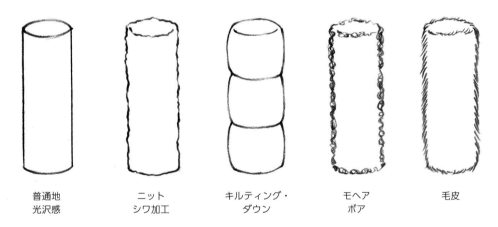

| 普通地
光沢感 | ニット
シワ加工 | キルティング・
ダウン | モヘア
ボア | 毛皮 |

 step 3 表面の質感を表現

最後に表面の質感に注目して彩色してみよう。

素材のフォルム（形）と表面の質感がミスマッチにならないよう注意しよう

綿・麻 *Cotton / Linen fabric*

| デニム・ダメージ加工 | デニム・ウォッシュ加工 | クラッシュ・リネン | ワッシャー加工 |

最も身近な綿・麻素材には、プレーンなものから畝や起毛しているもの等加工によって様々な種類がある。プレーンな素材が描き慣れてきたら、加工に注目して素材感をアイテムに取り入れよう。

1 平織(プレーン)

① 綿のシャツブラウスにはステッチが多用される。輪郭線にも素材感を表現しよう

② 白の場合薄いグレーで陰影を彩色する

③ ガーゼなどの織が特徴的なものは色鉛筆を細く削り布目に対して水平・垂直の線を描く

2 デニム

① 立体感を出し彩色する

② 水彩の場合、水を含んだ筆で色を抜きウォッシュ加工を表現

③ 色鉛筆で布目に対して水平・垂直線を描く。ダメージ加工の穴を描き、白の緯糸を描く

ワッシャー加工は輪郭線に
強弱をつけてゴワついた線
で描く

起毛しているコーデュロイは
丸みのあるフォルムと素材の
厚みに注意する

丈夫な綿素材はユニ
フォームやワーク
ウェア等に多用され
る。カジュアルなア
イテムにはステッチ
が欠かせない

ギンガムチェックは平織の
シンプルな格子柄である。
交差する点の色が濃く見え
るように描こう

毛織物 *Woolen fabric*

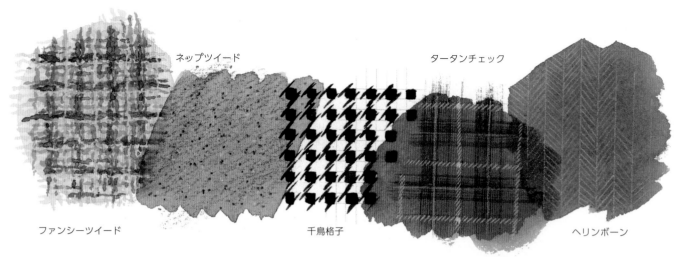

ネップツイード

タータンチェック

ファンシーツイード

千鳥格子

ヘリンボーン

　毛織物の中でも梳毛織物はスーツ地に多用される。なめらかでシャープなフォルムで描こう。紡毛織物は毛羽があり、暖かみのある風合いが特徴だ。紡毛織物の中でも表情豊かな素材の描き方について説明する。

1　ネップツイード

①立体感を出しながらベースを彩色

②色鉛筆を寝かせて表面のざらざらとした質感を描く

③色鉛筆を立てて細かい点を描く

2　チェック柄

①ベースの色を彩色する

②大きな格子柄を描く

③色鉛筆で細かい格子柄を描き加え、最後に斜線で織を描く

紡毛（ウーレン）素材のコーディネート

梳毛（ウーステッド）素材のセットアップ

紡毛織物にはフランネル・メルトン・サージなどがあり毛羽が多く暖かみのある風合いが特徴。中肉〜厚手の布地は膨らみ・丸みを意識しよう

ファンシーツイードは強弱のついた線を水平・垂直に描き表現する

梳毛織物にはトロピカル・サージ・ギャバジンなどがありスーツ地に多用される。シャープなフォルムで、厚ぼったくならないよう注意しよう

シャープなフォルム

ネップツイードは前項の要領で彩色する。立体感を表現する程度で光沢感は控えめに

センタープレス（折り目）のラインで陰影が出るように彩色

ニット *Knit fabric*

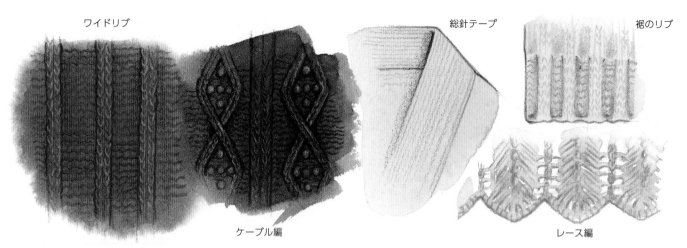

ワイドリブ　　　　　　　　　　　　　　　　　総針テープ　　　　　　　裾のリブ

ケーブル編　　　　　　　　　　　　　　　　　　　　　　　　　　　　　レース編

ニットは伸縮性があり、身体のラインになじみやすい素材である。密に編まれたハイゲージと編目の大きい
ローゲージを描き分けるところが重要だ。表編と裏編から成り立つ柄編、衿ぐり・袖口・裾などの仕上げを明
確に表現しよう。

1 ハイゲージのニット

ファッションマーク

リブの縦線は
縫合線に対して
直角に

①程よく身体になじむシルエットで、
衿ぐり・袖口・裾の仕上げを描く

②立体感を出しながらベースを彩色

③色鉛筆を寝かせて表面の毛羽を描く。
衿ぐり・袖ぐり周辺のファッション
マークがある場合は忘れずに描こう

2 ローゲージのニット

①大きな模様編の下側が暗くなるよう彩色する

②色鉛筆で更に陰影を強調する

③細かい編地を色鉛筆で描き込む

**ローゲージニットの
プルオーバー**
たっぷりとボリュームのある
シルエットで表面は凸凹とし
た質感

ケーブル編のサイドは
裏編でへこむ

アウトライン（輪郭線）
にも模様編の凹凸感を
表現する

**ハイゲージニットの
カーディガン**
身体のラインになじむ
シルエットで丸みのあ
る柔らかい質感

ローゲージニットと
比べて細かいしわ

シースルーのレース編
などの編目が大きいも
のは中の人物などを彩
色してからガッシュや
不透明なペンで模様を
描くとよい

4

素材表現

毛皮・キルティング *Fur / Quilting fabric*

フォックスファー　　シープファー　　アニマル柄　　キルティング　　ダウン

　ここでは輪郭線に凹凸が大きく現れる毛皮・キルティング素材の描き方を説明する。防寒性が高くアウターに多用されるため、服のゆとりを表現することも重要である。

1 毛皮

①単純なフォルムに置き換え素材の厚みをイメージし細かい毛並みで輪郭を描く

②毛色と光沢感の中間くらいの色で全体を彩色する

③②の色より暗い色で毛並みを描く

④最も暗い色と明るい色を細い線で描く

2 キルティング

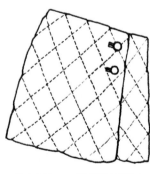 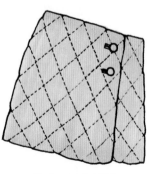 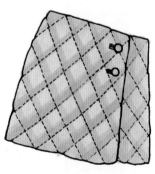 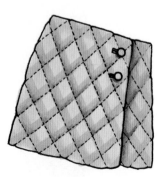

①キルティングの模様を破線で描きミシン目がへこむように輪郭線に凹凸をつける

②ベースの色を彩色

③表面の凹凸をイメージし下側が影になるよう陰影をつける

④中わたの量によって更に凹凸を強調する

衿は立体的で素材の厚みや張りが現れやすいディテール

ファーには様々な毛質がある。巻き毛のファーの場合は円を描くように毛並みを描こう

ダウンは特に輪郭に凹凸が現れる。ダウンの量や表地の張り感等からしわの量を調整する

厚み

毛羽のある糸で編まれたファーニット

光沢素材 *Sheen material*

サテン　　　　　レザー　　　　　スパンコール　　　　ビジュー　　チェーン　　パール

　光沢素材の材質は布帛・レザー・ビーズ・金属など様々である。いずれも光と影のコントラストを調整するところがポイントだ。しわや厚みの出る部分に光沢感を表現しよう。

1　サテン　　弱い光沢感・柔らかくしなやかな風合い

①光と影の中間の色で平塗りする

②影を彩色する

③①の絵の具で影をぼかす。水のみ含んだ筆で色を抜いたり、白色鉛筆で光沢感を調整する

2　レザー　　強い光沢感・厚くなめらかな風合い

①影を彩色する

②境目をぼかす。切り替え線は縫い代の厚みが盛り上がりツヤが出る

③ファスナーや金属のボタンを不透明なペン等で描く

宝石はコントラストの
強い光沢感が特徴。ハ
イライトの白にはガッ
シュの白や不透明な白
ペンを使うとよい

弱い光沢感のレザーには光と影
をなめらかなグラデーションで
表現する。レザーの厚みのある
フォルムをとらえて、布帛に見
えないよう注意しよう

縫い代が倒れる
側にハイライト

クロコダイル柄は不規則
なマス目の線が少しだけ
へこんで見えるように描
くところがポイント。柄
に集中しすぎてくどく見
えたり切り替え線が消え
ないように注意しよう

強い光沢感のエナメル
素材は光と影をグラデ
ーションにはせずコン
トラストをはっきりと
させる

スパンコールやラメ素材は小
さな粒を3段階以上に分けて
埋め尽くす。

シースルー・レース *Sheer fabric / Lace*

綿レース

オーガンジー

オパール加工

チュールレース

シースルー（透ける）素材は、しわや縫い代などで布が重なったとき、濃い色はより暗く、淡い色はより明るく見えるところが特徴だ。レースはシースルー素材を描いてから模様を描く。

1 シースルー（濃色）

①肌・インナーを彩色する。透ける部分と露出している部分の濃度に差をつける

②透ける素材を薄く彩色する

③2枚以上重なり、色が暗くなる部分を彩色し、ハイライトを入れる

2 シースルー（淡色）

①透ける布が重なる部分を避けて肌・インナーを彩色する

②透ける素材を彩色する

③陰影とハイライトをつけ立体感を強調する。中のアウトラインも薄く描く

前項1の要領でシースルー
素材を描いた後、細筆で
レース模様を描く

前項2の要領で描いた後、
ガッシュの白を薄めずに使
いレース模様を描く。柄が
目立つようシャープペンシ
ルで柄の下側にアウトライ
ンを描き入れる

布が重なる部分は
明るくなる

布が重なる部分は
暗くなる

4
素材表現

メンズ *Men's wear*

メンズプロポーション

レディースプロポーションと比較して肩幅が広く、各部に筋肉が付き、首は太く、手足は比較的大きい。
ウエストの位置は僅かに低く、腰も肩幅に比べると細くなっている。これらのポイントを踏まえて描いていく
ことが重要なポイントである。

・身長は頭の長さの8倍（8頭身）
・首幅は頭の幅の約7割
・股下は身長の2分の1
・膝はHLから足首までの2分の1

・頭部はベース型で縦（長さ）横（幅）の比率は3：2
・肩幅は頭の幅の約2.5倍
・腕は体に沿わせておろした場合、手首は身長の2分の1、
　肘はウエストラインより上の位置

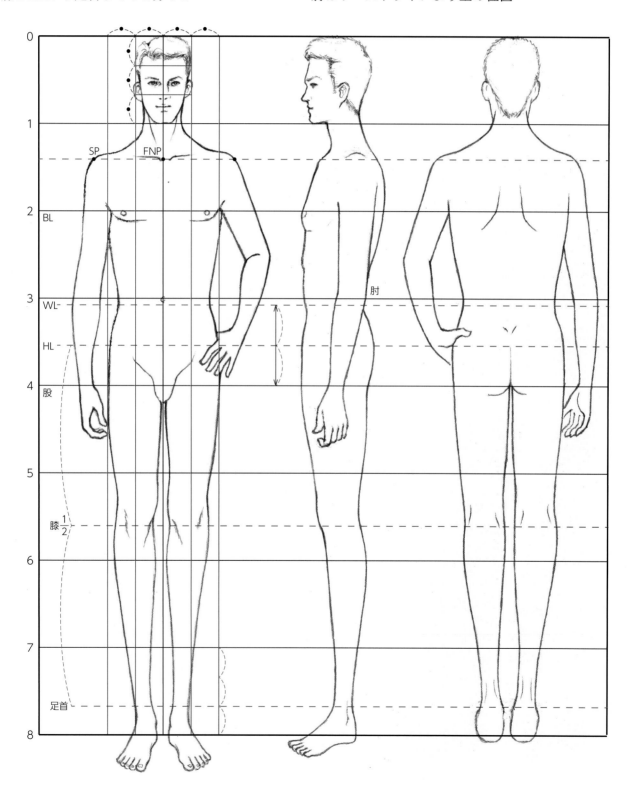

スタイル別表現
クラシック

ブリティッシュスーツ

仕立てがしっかりしており、ウエストシェイプはやや高め。メンズスーツの中心的存在

ジャケットの上衿の衿こしの高さ、首に沿ったのぼりの曲線に気をつけて描く

イタリアンスーツ

柔らかな仕立てで、少し深めのVゾーンと低めに設定されたウエストシェイプが特徴

チェスターコート

テーラードカラー・比翼仕立てのコート

スーツのパンツのプレスラインは、フロントの靴の上つま先上にクッションが入るように描く

カジュアル

ここでは群像を描く際のポイントを説明する。
立ちポーズに対して、椅子に座ったポーズは椅
子の高さと腰の位置に注意しよう。
床に座ったポーズは身体と足との遠近感に注意
する。

コールドウエザーパーカ（ベンタイル）

デニムパーカ／カーキトラウザーズ

ヒッコリージャケット／
5ポケットジーンズ

モード

モーターサイクルジャケット　　　　　セットアップ　　　　　グランパシャツ／カーディガン

子ども服 *Children's wear*

子どものプロポーション

子どもの体型は、成長にともない大きく変化するので、それぞれの特徴をとらえてデザイン画に表現することが大切である。

子どもらしさの特徴がよく表れている幼児期の体型は、側面から見ると、背中のラインは肩甲骨から殿突までのカーブが強く、前面の腹部は、大きく突出している。

ここでは、成長過程を身長別に分けて表現した。

年齢別　身長の目安

年　齢	身　長	年　齢	身　長
新生児	約50cm	3〜4歳	約100cm
3か月	約60cm	4〜5歳	約110cm
6か月	約70cm	5〜6歳	約120cm
1〜2歳	約80cm	7〜8歳	約130cm
2〜3歳	約90cm	9歳〜	約140cm

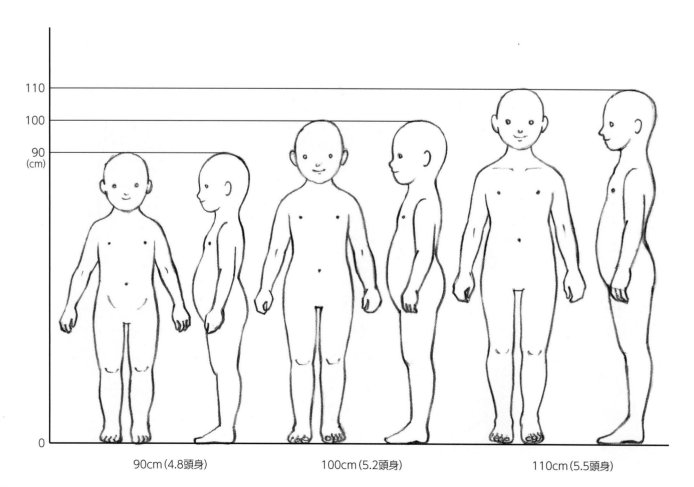

90cm（4.8頭身）　　　　100cm（5.2頭身）　　　　110cm（5.5頭身）

新生児・乳児（生まれてから15か月）

生後12か月くらいで自立・歩行ができるようになる。

特徴としては、身体に対して頭部が大きいため安定しにくい。

首は短く、手足は伸びきらず丸まっている。

子どものデザイン画を描くときは、実際の
頭身よりも頭部をやや大きく、ふくよかに
表現すると幼くかわいらしい姿になる

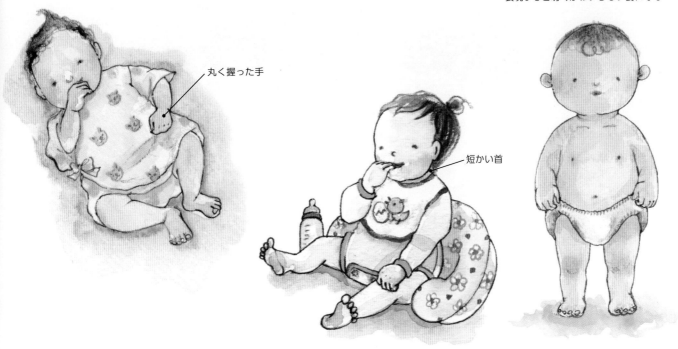

丸く握った手

短かい首

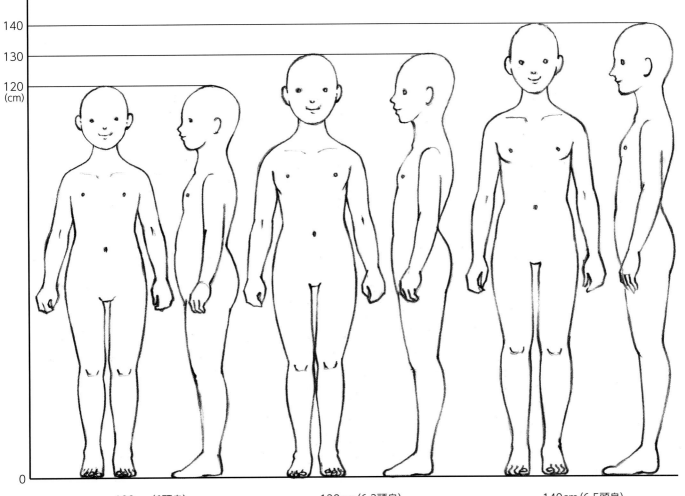

120cm（6頭身）　　　130cm（6.3頭身）　　　140cm（6.5頭身）

幼児（3歳〜5歳）

幼児期になると少しずつ着脱やボタンどめができるようになるので衣服のデザインに加えてみよう。

あどけない手の表情やバランス感覚が
未発達な脚のポーズが特徴である

バランスが
取りにくい
足元

小学生（6歳〜12歳）

小学生は、活発な表情や動作が見られるようになるので意識して描くとよい。衣服は、通学服、遊び着、外出着など着用の目的が広がっていく。子ども服のデザインによっては、ケガや事故につながるおそれがあるため安全に配慮したデザインをおこなう。(JIS L 4129：2015　詳細は規格を参照)

中学生（12歳〜15歳）

小学校の高学年から中学生になると自分の好みがより強くなるので、ベーシックな衣服のほかに個性的なデザインも必要となる

男子を描くときは、女子よりも肩幅を広く、首も太めにするとよい。そして手足を大きめに描いてみよう

和服 *Kimonos*

きものの構造

きものは、日本を代表する民俗衣装である。冠婚葬祭や祝いの式典などで着用することが多い。

仕立て方は、反物を直線裁ちにして平面的に縫製する。

着丈や身幅などにゆとりがあるので着る人の体形に合わせて立体的に着用することができる。

本書では、夏祭りの浴衣、成人式の晴れ着、卒業式の袴姿など、人生の節目における和装の基本を紹介する。

各名称と構造を理解して描こう。

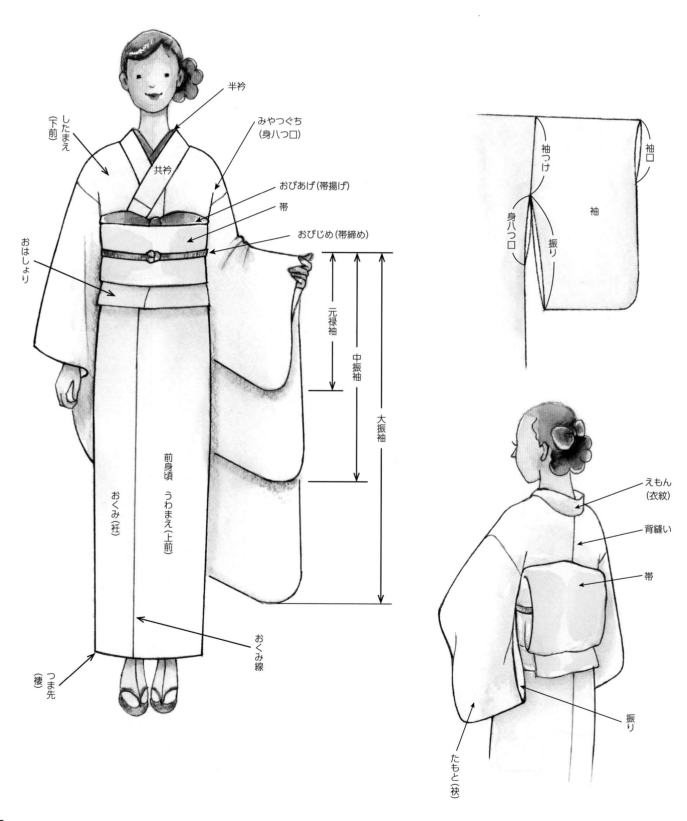

半衿

みやつぐち
(身八つ口)

したまえ
(下前)

共衿

おびあげ(帯揚げ)

帯

おびじめ(帯締め)

おはしょり

元禄袖

中振袖

大振袖

前身頃　うわまえ(上前)

おくみ(衽)

おくみ線

つま先
(褄)

袖つけ

袖口

袖

身八つ口

振り

えもん
(衣紋)

背縫い

帯

振り

たもと(袂)

浴衣

本来、木綿素材の浴衣は、家庭のくつろぎ着として素肌の上に着るものであった。

近年は、ポリエステルや化学繊維を使用した浴衣も増え、テキスタイルデザインが華やかになり外出着として着用されている。デザイン画を描くときに気をつけるポイントは、男女共に衿合わせは必ず右前になるように描くこと。

浴衣の着丈は短く
素足で下駄を履く
（足袋は履かない）

振り袖・袴

振り袖は、未婚の女性が着用する晴れ着である。

洋装でいうフォーマルドレスにあたる。

刺繍模様は一段と華やかで右前の衿から肩にかけて

美しい続き柄が施され、

袖や身頃全体も豪華な文様が表現される。

縁起のよい松竹梅や、宝尽くし、鶴亀、

桜、扇などのモチーフが多く

使われていることが柄の特徴である。

デザイン画を描くときには、金、銀などの

メタリック画材を使用すると

格調高く効果的に表現ができる。

成人式の晴れ着に合わせる
ふんわりとしたショールは、
寒さ厳しい1月の防寒のためには
大切なアイテムでる。
豊かで柔らかな毛並みを描こう

卒業式の袴姿を描くときは、振り袖のきものの上から袴を着用する。
履物のデザインは、草履や編上げブーツを描こう

創作きもの

今までのしきたりにこだわらず、和装と洋装をミックスした創作デザイン画を描いてみよう。
重ね着スタイルを正しく伝えるために、バックスタイルの製品図を明確に描く事はとても大切である。
魅力的なファッショングッズも取り入れて創意工夫のあるデザイン画を表現しよう。

B.S

B.S

製品図とは *Flat sketch*

　製品図は、アイテム図や平絵などとも呼ばれ、アパレル商品を作る上で重要な図である。主に、パタンナーにパターンを依頼する際や、工場へ依頼する生産指図書、縫製仕様書、展示会での受注書に使用される。

　着装画と違い、服のイメージよりも構造線や縫製仕様が解るよう服のみを描き、的確で明瞭な線図として表現する。基本的に余分なしわや柄を描かず、着色も行わないことが多い。構造の見分けがつくよう、太線、細線で分けて描く。アイテム毎にゆとり分量を考えながら描いていくため、製品図用のボディを使用するとバランスが取りやすい。

生産指図書・縫製仕様書
（工場へ依頼する際の書類）

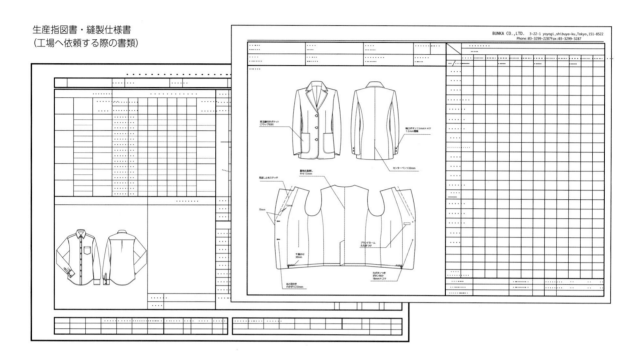

パターン依頼書
（パタンナーへ依頼する際の書類）

受注書
（展示会で営業が使用する書類）

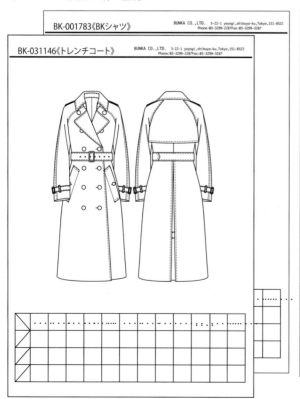

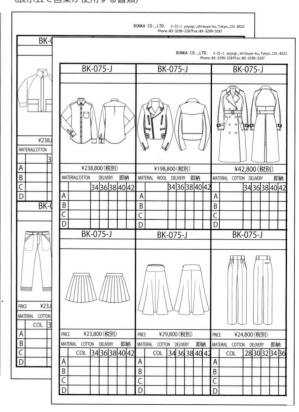

製品図のボディ

製品図用ボディは、着装画の8頭身プロポーションよりも人体のバランスに近く、正方形をベースにしているため描きやすい。製品図用ボディのバランスを理解すれば、正方形のみで描くことも可能になる。

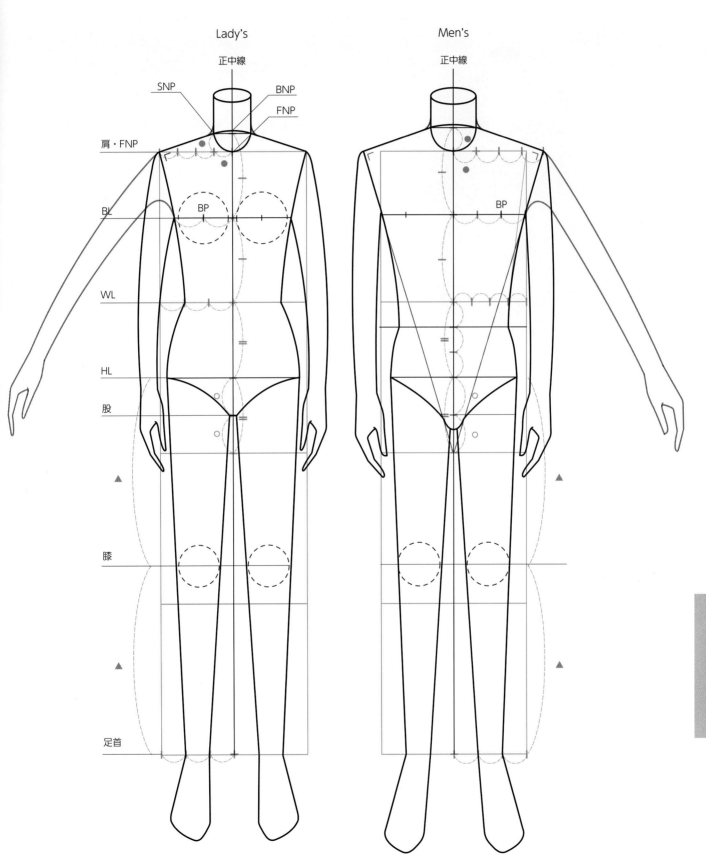

製品図の描き方(ジャケット)

ここでは、ジャケットの製品図の描き方を説明する。服のデザイン、バランスをとらえ、製品図に落とし込めるようにマスターしよう。写真を参考にジャケットを描く場合の案内線として、製品図ボディの基準となる肩幅寸法の正方形を描く。正方形の下側の線はウエストラインになり、描くときの基準になる。

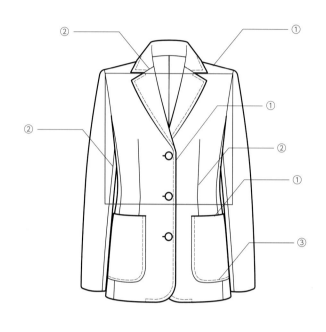

① 太線…アウトライン・あき部分・ポケット口
② 細線…切り替え線・ダーツ・ギャザーなど
③ 極細線…ステッチ

フロントスタイルの描き方

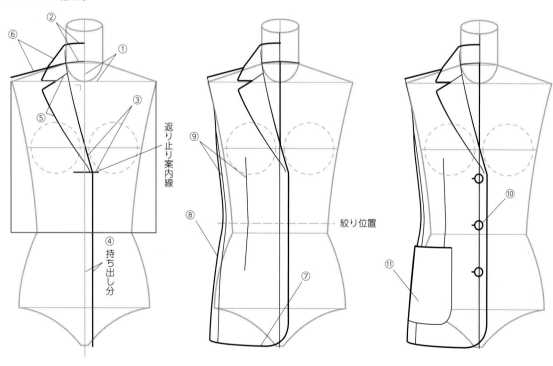

① 肩幅線・CFの案内線を描く
② 後ろネックライン、衿こしを描く
③ 返り止めを決め、返り線を描く
④ CFからボタン直径分持ち出しを出し前端線を描く
⑤ ゴージラインを決め、ラペルを描く
⑥ 上衿を描き、肩線を描く

⑦ 着丈を決め、裾線を引く
⑧ 脇のラインを決める(絞り位置で絞る)
⑨ ダーツ、切り替え線を描く

⑩ 前中心にボタンを描く
　(ボタンホールを描く)
⑪ ポケットを描く

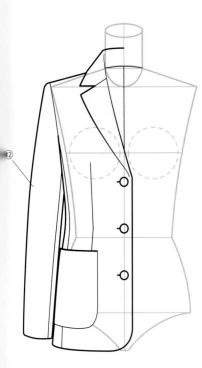

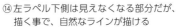

⑫袖を描く。袖山は肩パッドの丸みがあり、袖の太さ、シルエットが伝わるように描く

⑬半身が描けたら、前中心で反転するように描く
⑭左ラペル下側は見えなくなる部分だが、描く事で、自然なラインが描ける

⑮ステッチを破線で描き、完成

バックスタイルの描き方

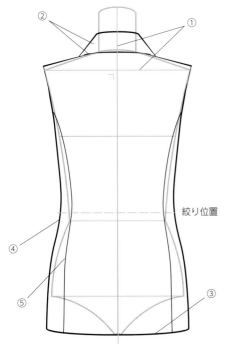

絞り位置

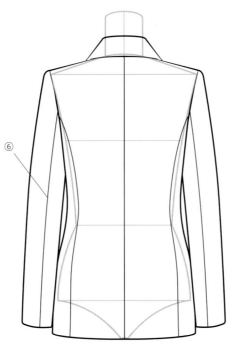

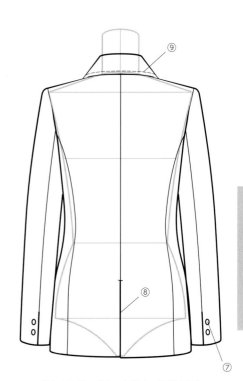

①肩幅線・CBの案内線を描く
②上衿を描き、肩線を描く
③着丈を決め、裾線を引く
④脇のラインを決める（絞り位置で絞る）
⑤切り替え線を入れる

⑥袖を描く。袖山は肩パッドの丸みがあり、袖の太さ、シルエットが伝わるように描く

⑦あきみせ、ボタンを描く。片側は袖のシルエットを見せ、もう片側は身頃のシルエットを見せるように描く
⑧ベンツを描く
⑨ステッチを破線で描き、完成

アイテムバリエーション(トップス)

トップスを描く際の注意点として、衣服を広げたときのゆとり分量を正確に表現することが大切である。

袖山の低い平面的なアイテムは平置きした状態で描くことが多い。

また、ステッチの幅は、0.2㎝、0.5㎝、0.7㎝、1㎝などの違いが解るように描こう。

パタンナーや工場が迷わないように、できるだけ明確に描くことがポイントである。

Tシャツ

F.S

B.S

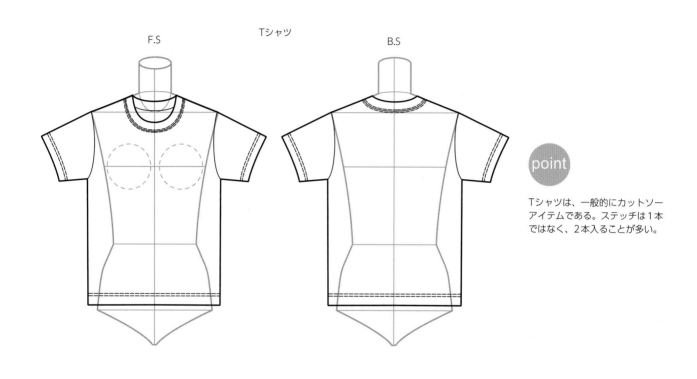

point

Tシャツは、一般的にカットソーアイテムである。ステッチは1本ではなく、2本入ることが多い。

シャツブラウス

F.S

B.S

point

シャツブラウスを描く際は、袖口のディテールを見せるため肘部分で折り畳んで描くこともある。

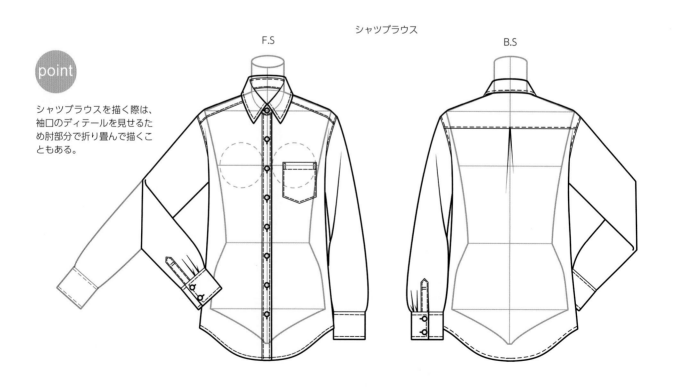

袖山の高いアイテムは、袖を下ろした状態で描くことが多い。

その場合は、袖の太さが解るように片袖は身頃に隠れないように描くが、もう一方の袖は身頃のシルエットを見せたいので袖を後ろに描く。

ライダースジャケット

F.S

B.S

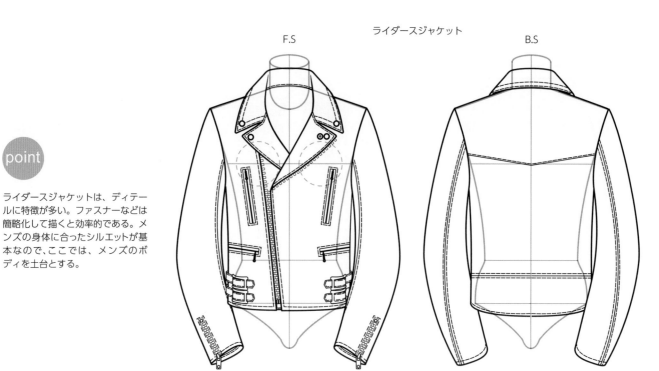

point

ライダースジャケットは、ディテールに特徴が多い。ファスナーなどは簡略化して描くと効率的である。メンズの身体に合ったシルエットが基本なので、ここでは、メンズのボディを土台とする。

トレンチコート

F.S

B.S

point

トレンチコートは、ラグランスリーブが基本だが、最近はラグランスリーブでも、袖は細身のもののほうが多い。したがって、同じトレンチコートでもカジュアルで機能性の高いものか、タウンウェアを意識したデザインのものか、製品図でも伝わるように描こう。

アイテムバリエーション(ボトムス)

ボトムスを描く際の注意点として、丈の長さ、ゆとり感を正確に表現することが大切である。また、ベルトの形状などが解るように描くとよい。着脱する際のあきを示すこともポイントである。

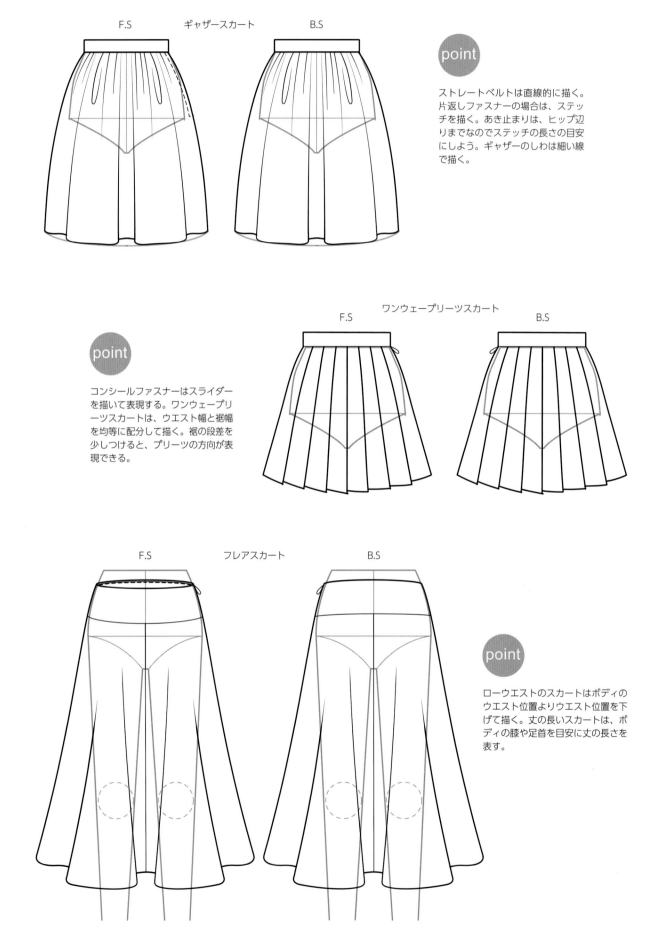

point

ストレートベルトは直線的に描く。片返しファスナーの場合は、ステッチを描く。あき止まりは、ヒップ辺りまでなのでステッチの長さの目安にしよう。ギャザーのしわは細い線で描く。

point

コンシールファスナーはスライダーを描いて表現する。ワンウェープリーツスカートは、ウエスト幅と裾幅を均等に配分して描く。裾の段差を少しつけると、プリーツの方向が表現できる。

point

ローウエストのスカートはボディのウエスト位置よりウエスト位置を下げて描く。丈の長いスカートは、ボディの膝や足首を目安に丈の長さを表す。

F.S　ギャザースカート　B.S

F.S　ワンウェープリーツスカート　B.S

F.S　フレアスカート　B.S

パンツは、スカートと同様にベルトの形状を描く。パンツの製品図はメーカーによって異なることが多く、カジュアルなパンツは平置き状態で描く場合もある。また、側面から見た状態で描く場合もある。ここでは、基本的なパンツを紹介する。

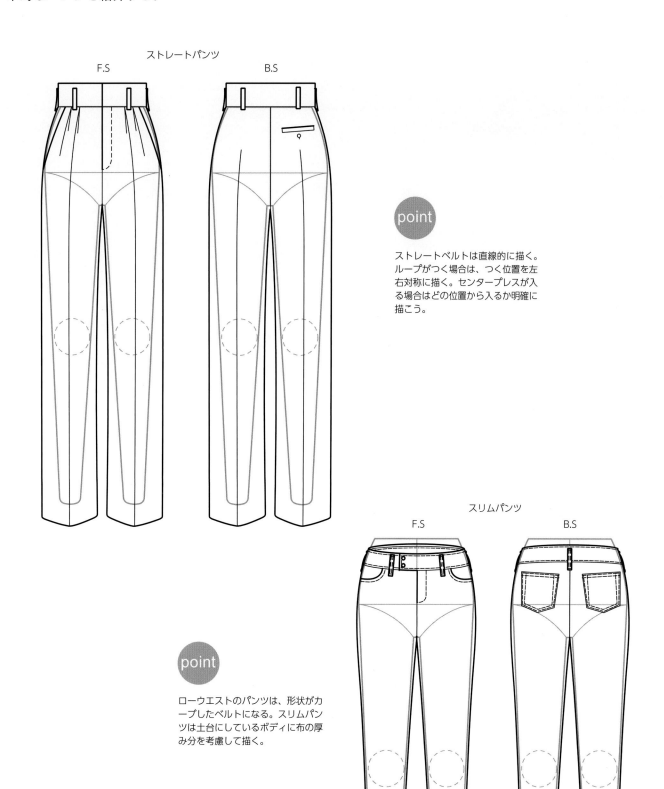

ストレートパンツ

F.S　B.S

point

ストレートベルトは直線的に描く。ループがつく場合は、つく位置を左右対称に描く。センタープレスが入る場合はどの位置から入るか明確に描こう。

スリムパンツ

F.S　B.S

point

ローウエストのパンツは、形状がカーブしたベルトになる。スリムパンツは土台にしているボディに布の厚み分を考慮して描く。

着装画と製品図 *Fashion drawing and flat sketch*

　ここでは、1枚のデザイン画を構成した場合の製品図の役割を紹介する。着装画では、色、柄、コーディネートを表現し、主にイメージを伝える役割がある。それに対し、製品図は着装画で見えない服の構造を説明する役割がある。着装図と同じアイテムに見えるように、シルエット、着丈、袖丈のバランスに注意しよう。

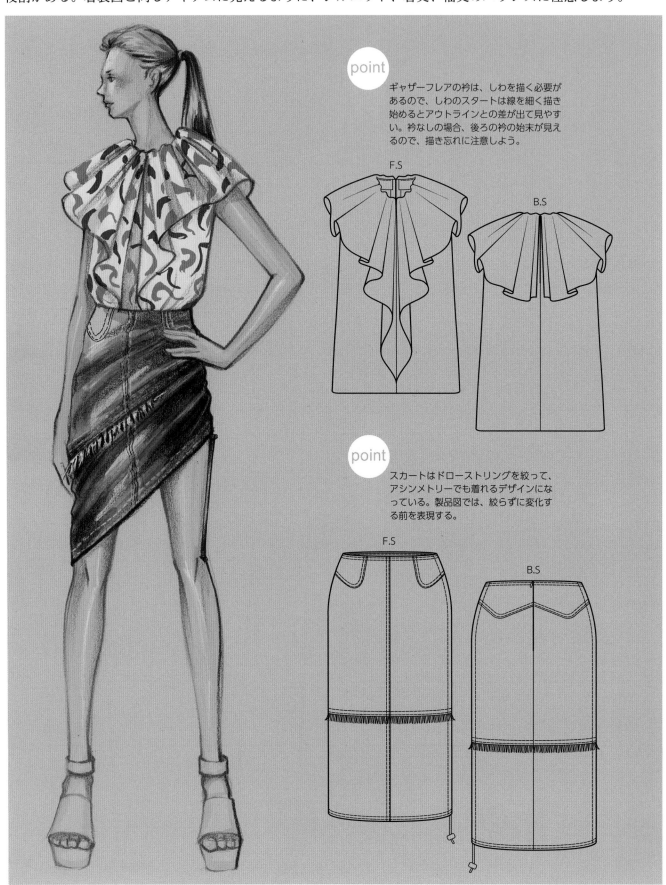

point
ギャザーフレアの衿は、しわを描く必要があるので、しわのスタートは線を細く描き始めるとアウトラインとの差が出て見やすい。衿なしの場合、後ろの衿の始末が見えるので、描き忘れに注意しよう。

F.S

B.S

point
スカートはドローストリングを絞って、アシンメトリーでも着れるデザインになっている。製品図では、絞らずに変化する前を表現する。

F.S

B.S

着装画がフロントスタイルの場合は、製品図はバックスタイルのみを描くことが多いが、服の構造上、フロントスタイルが必要な場合がある。フードつきのアイテムなどがその一つである。また、着方で変化するアイテム（左ページスカート参照）なども同様である。

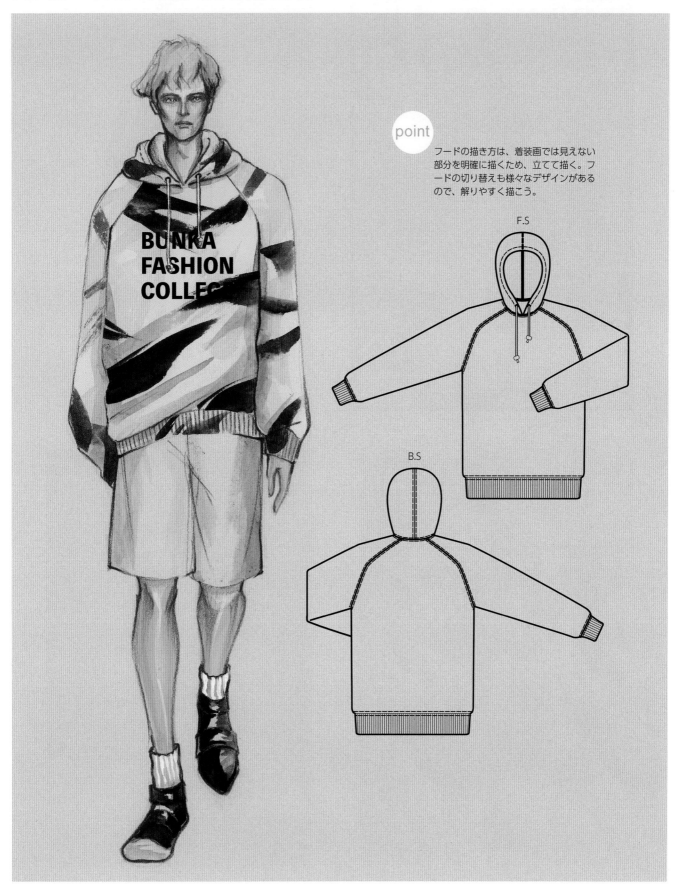

point

フードの描き方は、着装画では見えない部分を明確に描くため、立てて描く。フードの切り替えも様々なデザインがあるので、解りやすく描こう。

F.S

B.S

6
製品図

コンテスト
Works of Design Contest winners

文化服装学院 ファッションコンテスト デザイン部門 受賞作品

2015年度　優秀賞　櫻井 拓美『Nude Deco』

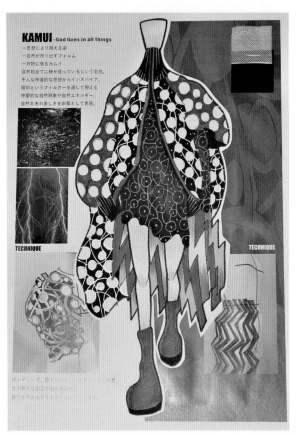

2019年度　優秀賞　川部 竜雅『KAMUI -God lives in all things』

コンテストに求められるのは、何より次の時代を予感させるような革新性、創造性である。基礎的な技法を踏まえたうえで、例えば、最も訴えたいポイントには大胆な省略やデフォルメを用いるなど、より自由な発想で新しい表現に挑戦してみよう。

ソアロンデザインコンテスト 受賞作品

第10回（2016年度）　金賞　齊藤 美涼『Noir a la mode』

第13回（2019年度）　銅賞　リ セイギ『Nouvelle formelle robe』

※ソアロンは三菱ケミカルの商標です

ポートフォリオ 装苑賞 受賞作品
Portforios and works of SO-EN Fashion Award winners

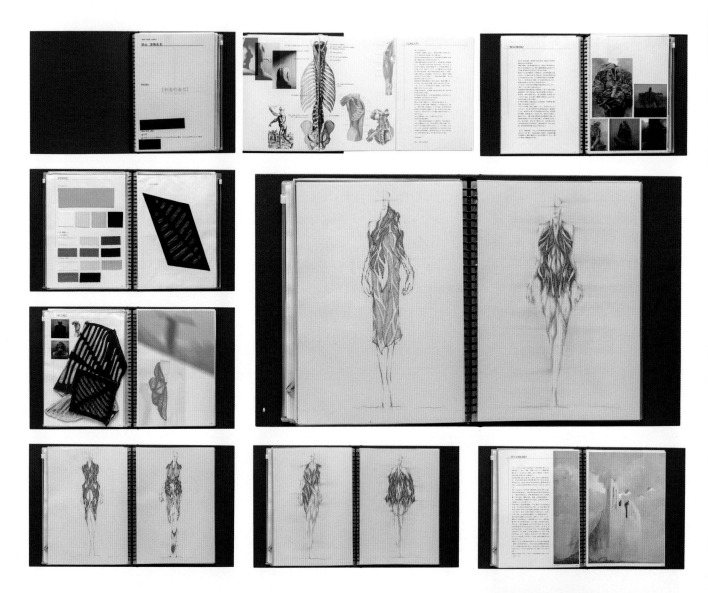

第86回（2012年）　装苑賞　玉田 達也

テーマは「創造的進化」。全48ページにわたるポートフォリオは、この作品に至る
自身の心境についての長い文章から始まる。そこでは臨床哲学者である鷲田清一
さんの「衣服が第二の皮膚なのではない。身体こそが第一の衣服なのだ」という
言葉から身体と衣服の関係に着目したこと、また、自身が強く惹かれていたポーラ
ンドの画家、ズジスワフ・ベクシンスキーの圧倒的な世界感と結び付けて制作する
ことを伝えている。その後は、身体構造に関するビジュアルと、実際に使用する素
材とその加工、技法、パターンが並ぶが、自らのテーマを追求した結果たどり着い
た表現であることが色濃くうかがえる。実際の作品はエナメル加工した革にカット
ワークやタック処理を施し、たて糸を取り除いて透けさせた布上に重ね、身体が衣
服へと進化していくプロセスを具現化。身体構造を基に、芸術家から得た着想を通
じて、衣服と身体の持つ美しさを探求する緻密な提案が高く評価された例である。

コンテストのポートフォリオとは、作品のテーマやコンセプトとデザイン画、そこに素材のサンプルなどを加えながら、表現したいものをまとめたファイルのこと。どんな思いや意図で作品を作るのかをプレゼンテーションするためのもので、自己紹介を兼ねて過去の作品を載せる人も多い。必要事項さえ守ればルールはなく、サイズやページ数なども自由である。初めての人は難しく考えがちだが、一度制作した人は頭の中を整理できてよいとの意見が多い。審査員の心に響くのは、意欲や熱意、そしてオリジナリティがあるものだが、大切なのは自らが楽しんで作れるものであること。自分の好きなことや、興味のあることをテーマにすることが重要だ。

 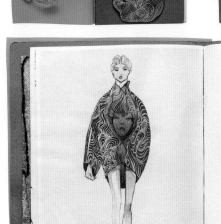 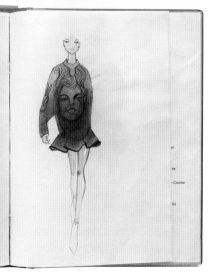

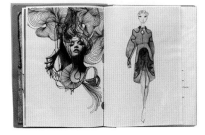

第88回（2014年）　装苑賞 佳作　ヴェセロヴァ・ビクトリア

1990年に放映されたデヴィッド・リンチ監督の『ツイン・ピークス』にインスピレーションを得て、水に囲まれた死の美しさを表現。ポートフォリオの表紙にPVC素材を採用し、水面の模様をイメージしたミシン刺繍を施している。カバーで実際に使用する素材を示したアプローチに始まり、開けば本人が描いたオリジナルのイラストによるイメージからデザイン画へと続き、シンプルだが明確に目的を伝える構成となっている。制作された作品は、グレーとブルーのグラデーションに染色したオーガンジーを使用、そこにポリテープを加えることで水面の柔らかな表現をプラス。また、グラデーションが美しいインターシャニットのワンピースとPVCに波紋を刺繍したアウター、衿元のビジューなど、スタイリングの美しさも評価された。ポートフォリオの段階で、水から伝わるミステリアスなイメージを表現することが十分に感じられ審査を通過、自らの興味をそのまま衣服へと落とし込んだ例でもある。

文化服装学院 ファッション画展 受賞作品
Works of Fashion Illustration Contest winners

2019年度　学院長賞　三浦 明莉

2015年度　学院長賞　コーセル ミズアライ アニタ サユリ

2012年度　上級部門最優秀賞　吉越 綾香

2020年度　学院長賞　石井 さくら

2016年度　上級部門優秀賞　粟屋 友里

2012年度　学院長賞　李 文心

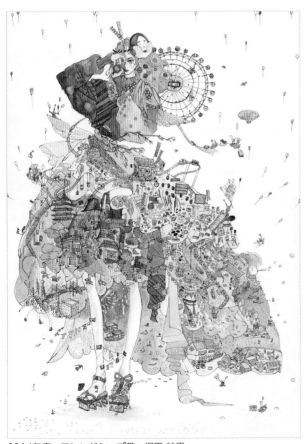

2014年度　フレンドシップ賞　堀田 紗里

2018年度　上級部門最優秀賞　リュウ ツウ

著作権について

　デザインにおける著作権侵害の問題が、メディアで取り上げられていることを目にしたこともあるだろう。ファッションデザインの未来を担う皆さんには、著作権について常に考え、自分の作品に責任と誇りを持ち制作して欲しいと願う。

　ここではファッションデザイン画を発表するにあたり、知っておきたい著作権と肖像権について簡単な一般知識と実例を掲載する。

著作権とは

　作品を創作した者（著作者）が有する権利である。また、その作品（著作物）がどう使われるか決めることができる権利である。

著作物とは

　思想または感情を「創作的」に表現したものであって、文芸・学術・美術または音楽の範囲に属するものをいう。例えば、小説や音楽、絵画、写真、映像など。

　他人の著作物を無断で利用（例えば、コピー＆ペースト、模倣品の製造など）すると、原則として著作権侵害となる。著作権侵害に該当すれば、利用行為の差し止めや損害賠償の請求などを受ける可能性がある。著作権侵害は刑事上の罰則の対象にもなっている。

　著作権法上の権利には、一定期間が定められており、この期間を「保護期間」といい、原則著作者の死後70年間とする。（著作権法51条）

肖像権とは

　肖像（容姿やその画像など）に帰属される人権のことである。
　「プライバシー権」と「パブリシティ権」の2つの要素を持つ。

プライバシー権（人格権）

　個人の容姿を無断で撮影されたり、その写真を勝手に公表されたりしないように主張できる権利である。

パブリシティ権（財産権）

　有名人・著名人の名前や肖像は特別な経済利益を持っており、無断で使用されないように「パブリシティ権」という権利によって保護されている。「財産的利益」を保護している。

過去の事例として

　コンテストにおいて他人の著作物を侵害したデザインを応募し、その事実が発覚。受賞の取り消しがあった。

詳しく知りたい場合は

　文化庁ホームページにアクセスし、知的財産権について調べてみよう。

監修

文化ファッション大系監修委員会

相原　幸子	野原　美香
野中　慶子	宮原　勝一
門井　緑	朝日　真
西平　孝子	児島　幹規

執筆

金谷　容子
玉川あかね
北山　千春
坂本真由美
澤田石澄子
橋本　定俊
岡本あづさ

協力

文化・服装形態機能研究所

髙見澤ふみ
足立美智子

品質管理　　　　　吉村とも子
アパレル素材　　　菅野めぐみ
英語表記　　　　　増田和香子
　　　　　　　　　三村　典召

文化学園ファッションリソースセンター

表紙モチーフデザイン

酒井　英実

写真

安田　如水

文化ファッション大系　改訂版・服飾関連専門講座⑤
ファッションデザイン画
文化服装学院編

2022年2月11日　第1版第1刷発行
2024年1月18日　第1版第2刷発行

発行者　清木孝悦
発行所　学校法人文化学園 文化出版局
　　　　〒151-8524
　　　　東京都渋谷区代々木3-22-1
　　　　TEL03-3299-2474（編集）
　　　　TEL03-3299-2540（営業）
印刷所・製本所　株式会社文化カラー印刷